AF571495

INTUITION, AHA!

Ein Mitmachbuch
mit Reflexionsfragen und Schreibfeldern von

Leilani & Tanja Alexa Holzer

www.atlantisenergie.com

www.wortfeger.ch

www.wortfeger.ch

Druck: Libri Plureos GmbH, Friedensallee 273, D-22763 Hamburg

2024

ISBN 978-3-03923-094-5

Die Deutsche und Schweizer Nationalbibliotheken verzeichnen diese Publikation in der Nationalbibliografie; detaillierte bibliografische Daten abrufbar auf: www.dnb.de und www.nb.admin.ch

«Die ursprüngliche Weisheit ist Intuition, während alles spätere Wissen angelernt ist.»

Ralph Waldo Emerson, 1803-1882,
US-amerikanischer Geistlicher, Philosoph + Schrifsteller

Digitale Mitmachbücher zu weiteren Themen gibt es als Download in Tanjas kreativem Shop:

www.wortfegeratelier.com

Die Energetikerin Leilani arbeitet auf alten atlantischen Kraftplätzen auf Lanzarote für die Kundenanliegen aus aller Welt.

www.atlantisenergie.com

Inhaltsverzeichnis

aha! 11
Leilani 11
Wiederholungen 12
Geschlechtsneutral 12

Definition: Intuition 13
Automatisches Schreiben 14
Wunsch nach Klarheit 16
Macht 18
Ablenkung 20
Sehnsucht 22
Angeboren 24
Verbunden sein 26
Signale 28
Klarsicht 30
Reizüberflutung 32
Hochsensibilität 34
Inneres Geplapper 36
Sollte 38
Logik 40
Leistungsdruck 42
Erwartungen 44
Wunsch 46
Kraft der richtigen Frage 48
Einstellung 50
Eigenverantwortung 52
Hindernisse 54
Harmonie 56
Logik versus Intuition? 58

Bewusstsein 60
Verdrängtes 63
Kurs in Wundern: Angst oder Liebe? 66
Instrument: Bewusstseinsfeld wechseln 68
Stille 70
Nebenwirkung: Stabilität und Wohlfühlen 72
Wichtig: Jetzt 74
Pause 76
Geistig anwesend 78
Nichtwissen 80
Visionen und Träume 82
Übung: Sehen 84
Symbole 85
Stimme 86
Übung: Hören 88
Instrument: Alarm 89
Schwingung 90
Übung: Spüren 93
Wahrnehmung 94
Körpersprache 96
Instrument: Ja oder Nein? 98
Instrument: Skala 99
Instrument: Imaginäre Unterhaltung 100
Toxische Verbindungen 101
Geduld versus Ehrgeiz 104
Flow, Raum und Zeit 106
Ego 108
Motivation 110
Kreativität 111
Instrument: Wenn … 112
Probleme 114
Instrument: Meistersicht 116
Instrument: Expertensicht 118
Zweifel 120

Wer spricht? 122
Angst vor Wissen und Wahrnehmung 124
Erwachen 125

Instrument: Kraftraum 126
Instrument: Magnet 127
Instrument: Zukünftiges Ich 128
Instrument: Zukunftsfilm 130
Instrument: Kind-Ich 132

Übung: Kind-Ich 133
Übung: 10 x Nutzen der Intuition 134
Übung: Glückstag! 135
Übung: Wolken der Wahrnehmung 136
Übung: Frei für … 137
Übung: Eingebungen folgen 138
Übung: Hilfe abchecken 139
Übung: Einkauf 140
Übung: Missachtung 141

Tanja Alexa Holzer 143

WICHTIG:

Bitte zögern Sie nicht, sich Hilfe bei einer Fachperson zu holen, wenn Sie sich mit einem Thema alleine nicht zurechtfinden oder es tiefer aufarbeiten möchten.
Dieses Buch ersetzt keinen Arzt oder Therapeuten.

aha!

Minimalistisch konzentriert, mit allem, was Sie zu diesem Thema wissen sollten – so sind Wortfegers **aha!**-Publikationen. Ideal, um maximal viel wertvolles Wissen in möglichst wenig kostbarer Zeit zu tanken.

«Blabla» und künstlich in die Länge ziehen? Nein.
aha! = gebündelte Information leicht verständlich serviert. Voilà.

In diesem Sinn wünsche ich Ihnen unzählige wegweisende, berührende Erkenntnisse mit **aha!**

Sonnige Grüsse
Tanja A. Holzer alias Wortfeger

Leilani

Dieses Buch verfasste ich gemeinsam mit Leilani. Sie ist eine Schweizer Energetikerin auf der kanarischen Vulkaninsel Lanzarote.

Mich fasziniert, wie sie Wissen einfängt, Energien spürt und lenkt. Sie half mir persönlich entscheidend mit ihrer Energiearbeit. Mehr Informationen über ihre Arbeit auf **www.atlantisenergie.com**.

Wenn in den weiteren Kapiteln aus der Ich-Perspektive erklärt wird, so sind dies Leilanis Worte.

WICHTIG:

Bitte zögern Sie nicht, sich Hilfe bei einer Fachperson zu holen, wenn Sie sich mit einem Thema alleine nicht zurechtfinden oder es tiefer aufarbeiten möchten. Dieses Buch ersetzt keinen Arzt oder Therapeuten.

Wiederholungen

Nicht schon wieder ... – Doch!
Informationen wiederholen sich in diesem Buch teilweise neu, anders formuliert. Das ist gewollt, um ihre Wichtigkeit und die Verflechtung der Themen untereinander aufzuzeigen. Ich empfehle, solche Wiederholungen nicht einfach zu überlesen, sondern mit jeder Erwähnung zu verinnerlichen.

Wir Menschen wurden über eine undenklich lange Zeit von Egoliebe und Machtspielen gesteuert. Wie eine Programmierung wirken die Erfahrungen und Prägungen aus der eigenen Kindheit, aber auch aus unserer Ahnenreihe, bis heute in uns weiter. Deshalb ist es wichtig, diese Programme umzukehren und aufzulösen.

Bitte lesen Sie also mit offenem Herzen weiter, wenn Ihnen informative Wiederholungen auffallen. Sie wirken wie ein Mantra. Saugen Sie sie in sich auf, so oft, tief und bunt Sie können.

Geschlechtsneutral

Dieses Buch ist geschlechtsneutral. Ich gendere nicht, da dies den Lese- und Energiefluss empfindlich stören würde.
Klar ist, dass immer ALLE erwachsenen MENSCHEN gemeint sind.

Definition: Intuition

Gemäss Wikipedia ist Intuition die Fähigkeit, Einsichten und Klarheit zu gewinnen, ohne mit dem Intellekt und Verstand darüber zu diskutieren.

In unserer gesellschaftlichen und kulturellen Art zu leben, wirkt einiges zuverlässig gegen Intuition. Dies sind nicht allein Intellekt und Verstand, sondern tatsächlich auch unsere Gewohnheiten, wie wir unser Leben betrachten und führen. Dieses Gegengewicht muss erkannt und seine übermässige Macht reduziert werden, damit Intuition ebenfalls einen Platz in unserem Leben erhält.

Wenn wir in über Themen wie Macht oder Ablenkung reflektieren, so ist dies genauso wichtig wie alle Intuitionstechniken. Wir stärken also nicht nur die Mittel FÜR Intuition, sondern schwächen auch diejenigen GEGEN sie. Selbstreflexion ist dafür ein kraftvoller Weg. Dank ihr erkennen wir Zusammenhänge und können uns daraufhin bewusst neu entscheiden.

Was erhoffe ich mir von meinen intuitiven Fähigkeiten?
Warum habe ich dieses Buch gekauft?

Automatisches Schreiben

Einfach drauflos schreiben! Das ist die beste Idee, um den Fluss anzukurbeln. Wer einfach unzensiert schreibt, ohne zu urteilen oder zu korrigieren, wird bald Erstaunliches entdecken. Plötzlich öffnen sich innere Türen und Erkenntnisse sind möglich, die zuvor tief und oft jahrelang verschüttet waren. Die Reflexionsfragen geben dem automatischen Schreiben eine Richtung. Wenn Sie nicht versuchen, die Ergebnisse gedanklich zu steuern, nicht etwas produzieren und leisten wollen, sondern einfach fließen lassen, werden Überraschungen bald auftauchen.

Automatisches Schreiben öffnet neue Horizonte. Wir umschiffen damit unser Alltagsdenken, das normalerweise getränkt ist von Negativität und Urteilen. Wenn wir einfach zügig und spontan drauflos schreiben, bleibt keine Zeit für Denkarbeit. Die Impulse tauchen so leichter aus tieferen, vielleicht jahrelang verschütteten oder verdrängten Schichten auf. Die Schreibfelder sind genau dazu da: Lassen Sie es fließen, schreiben Sie los! Ohne Zensur. Wenn Sie dieses Mitmachbuch wirklich schreibend nutzen, ist dies bereits ein geniales Intuitionstraining.

Vielleicht sind es einzelne Wörter, ein anderes Mal sprudeln vollständige Sätze durch die Finger, Erinnerungen oder eine ganze Geschichte. Geistige Bilder verwandeln sich in Worte. Es darf sein, wie es ist.

Wobei könnte mir das automatische Schreiben konkret helfen?
Konnte ich bereits dank des Schreibens Lösungen finden? Wofür?
In welcher Situation war Schreiben für mich bereits wichtig und half mir?
Was hindert mich am Schreiben?
Wie sehr funkt mein Bedürfnis nach Kontrolle in den kreativen Lösungsfindungsprozess?

Wunsch nach Klarheit

Die meisten Menschen wünschen sich kaum etwas sehnlicher als Klarheit. Wohin soll der eigene Weg gehen? Welches ist der nächste Schritt? Was sollen wir tun? Unser ganzes Leben lang werden wir darauf konditioniert, in unserer Aussenwelt darauf nach Antworten zu suchen. Kein Wunder, bleiben viele von uns ewige Sucher. Als Kind folgen wir unseren Eltern, älteren Geschwistern und Lehrpersonen. Wir imitieren sie, halten sie für Allwissende, die den Weg zu jeder Antwort kennen. Später projizieren wir diese Annahme fälschlicherweise allzuoft auf Arbeitskollegen, Vorgesetzte, Freunde und Partner.

Wir werden – vor allem in den ersten 20 Lebensjahren – auf natürliche Art darauf konditioniert, mit suchendem Blick unser Umfeld nach Hinweisen für Klarheit zu scannen.

Der Wunsch nach Klarheit ist so übermächtig, weil sie uns Kontrolle und Sicherheit verspricht – die es jedoch beide in Wahrheit nicht gibt. Wir werden nie alles kontrollieren können und niemals vollkommen sicher sein. Diese Unsicherheit ist leider, oder zum Glück, menschlich.

Wer hat mich hauptsächlich geprägt?
Wer prägt mich heute noch?
Hatte/habe ich Vorbilder? Was an ihnen bewundere ich, was davon möchte ich nachahmen?
Wie sehr wirken vergangene Konditionierungen heute noch?

Macht

Wir betrachten die Marktsituation, um den besten Karriereweg einzuschlagen. Wir verfolgen Trends und gesellschaftliche Bewegungen, um möglichst erfolgreich mitzuschwimmen. Die Masse hat Macht. Als Teil der Masse hoffen wir, ebenfalls mächtig zu sein. Die Sehnsucht nach Klarheit ist auch das Bedürfnis nach Macht. Wer seinen Weg klar sieht und ihn kennt, geht ihn kräftigen Schrittes. Logisch, oder?

Wie absolute Sicherheit oder totale Kontrolle ist Macht ein Konstrukt, ein Konzept, das unerreicht bleibt. Denn auch sie entspricht nicht der wahren Natur des Lebens.

In welchen Bereichen wünsche ich mir Sicherheit?
Was verspreche ich mir von Macht?
Welche Gewohnheiten widerspiegeln mein Bedürfnis nach Sicherheit, Kontrolle und Macht?

Ablenkung

Wie nie zuvor ist es heute leicht, sich selbst zu verlieren. Dieses Blatt wird sich so schnell wohl kaum wenden. Beinahe jederzeit gibt es einen Grund, die Kreditkarte zu zücken, eine Pille zu schlucken oder sich auf eine andere Art zu vernebeln. Noch eine Episode der Lieblingsserie? Eine nächste Runde gamen? Ein Ausflug ins Einkaufszentrum oder Fitnessstudio? Oder einfach auf dem Sofa chillen und durch Social Media surfen …

Schauen Sie genau hin. Wo liegt Ihre Aufmerksamkeit? Sie wird gekonnt ausserhalb von uns selbst festgehalten. Und wir lassen es ständig zu! Wir sind Meister darin geworden, uns von uns selbst abzulenken.

Womit lenke ich mich vorzugsweise ab?
Welches sind meine Lieblingsstrategien, um meine Aufmerksamkeit weg von mir auf meine Aussenwelt zu lenken?

Sehnsucht

Vielleicht ist jetzt der Augenblick da, wo Sie hinausschauen und die Täuschung erkennen. In dem Sie die Oberflächlichkeit und die ständigen Wiederholungen realisieren und sich gelangweilt abwenden. Womöglich ist die Sehnsucht mittlerweile so drängend, dass der Mut geboren wird, das Aussen stehenzulassen und nach innen zu schauen. Vielleicht ist die Zeit reif, sich vom bekannten Trott abzuwenden und sich neugierig dem Unbekannten zuzuwenden. Ja, ich bin mir ziemlich sicher, dass die Zeit jetzt reif ist. Ein deutliches Zeichen dafür ist, dass Sie meine Worte lesen.

Wonach sehne ich mich wirklich?
Welche Gefühle möchte ich in Wahrheit tatsächlich fühlen?
Und welche versuche ich mit Ablenkung zu vermeiden?

Angeboren

Wir haben uns mit dem Wunsch nach Klarheit, Macht, Ablenkung und mit der Sehnsucht befasst. Genug jetzt. Was hat das alles mit Intuition zu tun? Jetzt tauchen wir ein. Wir wenden uns nach innen.

Intuition ist angeboren. Sie haben Ihre intuitiven Fähigkeiten niemals verloren. Auch wenn Sie sich von ihnen getrennt fühlen, ist es niemals zu spät, sich wieder auf sie einzulassen. Weder Alter noch Lebensweg sind dafür entscheidend. Sie brauchen keine besondere Begabung und kein Talent. Sie müssen nicht hochsensibel, besonders sensitiv oder gar medial veranlagt sein. Ziemlich sicher hatten Sie schon etliche intuitive Wahrnehmungen und haben sie vielleicht nicht als solche erkannt oder kategorisiert.

Sie sind Experte Ihres Wesens. Niemand sonst. Beginnen Sie in Ihrem Inneren nach der Wegweisung zu suchen, nach der Sie sich sehnen.

Für welche Lebensbereiche wünsche ich mir besonders intuitve Führung?
Was verspreche ich mir von ihr?
War ich als Kind intuitiv? Erinnere ich mich an Situationen in meiner Kindheit, in denen ich automatisiert stimmig handelte?

Verbunden sein

Wissenschaftler wissen es, Spirituelle auch: Auf höchster (oder kleinster) Ebene sind wir alle miteinander verbunden. Wir hängen innerhalb der Materie alle zusammen in diesem ewigen Kreislauf des Werdens und Vergehens. Und wir sind alle ungetrennte Ausdrücke des universellen Seins.

Dieses Buch schrieben wir für die Daseinsform als Mensch. Ich werde nicht oder nur wenig auf die höheren Zusammenhänge von allem eingehen. Intuition hilft uns als Mensch weiter. Ob sie aus dem einen Sein fließt? Klar, woher denn sonst. Alles ist aus dem einen Sein. Alles IST das eine Sein. Für uns Menschen sind jedoch die Auswirkungen der Intuition relevant. So schrieben wir das Buch für die Praxis, für Ihren menschlichen Alltag.

Das Gefühl der Verbundenheit schenkt uns scheinbar Vertrauen und Sicherheit. Wir verbinden uns bewusst mit dem, was wir mögen.

Aufgrund des Resonanzgesetzes jedoch nicht nur mit Erwünschtem, sondern – oft unbewusst – mit allem, womit wir resonieren, womit wir also gleichschwingen.

Wenn wir uns mit unserer Familie, unserem Beruf, Freunden, mit uns selbst und/oder dem Universum verbunden fühlen, sind wir gefühlt nicht allein. Unverbundenheit ängstigt uns.

Wann fühle ich mich besonders verbunden?
Was hilft mir, dieses Gefühl von Verbundenheit zu fühlen?
Wie nehme ich Verbundenheit wahr?

Signale

Hatten Sie schon mal das Gefühl, eine Person wiederzuerkennen, obwohl Sie sie zum ersten Mal überhaupt trafen? Beschlich Sie mal eine Ahnung, als Sie einen Gegenstand in die Hand nahmen oder ein Bild betrachteten? Spürten Sie auch schon beim ersten Blick Sympathie oder Antipathie, Anziehung oder Abwehr? Wussten Sie auch schon mal etwas ganz sicher, ohne es wirklich wissen zu können?

In all diesen Situationen meldete sich ziemlich sicher Ihre Intuition. Bilder tauchen auf, wir hören ein Jubeln oder eine leise Warnung, fühlen uns sicher oder scheinbar unbegründet bedroht, angezogen oder abgestoßen. Sehr oft zeigt sich unsere Intuition in einem intensiven Erkennen, das wir nicht logisch erklären können.

An welche Signale erinnere ich mich
Welchen Stellenwert hatten/haben sie in meinem Leben?
Heisse ich sie willkommen? Beachte ich sie?

Klarsicht

Jeden Tag ist sonniges Wetter. Manchmal verhängen nur Wolken den Himmel, sodass die Sonnenstrahlen nicht bis auf die Erde finden. So ähnlich ist es mit der Intuition. Wenn unser Geist bewölkt ist, werden intuitive Eingebungen geblockt, verzerrt oder zumindest abgeschwächt.

Können Sie Ihrem Bauchgefühl immer vertrauen? Eine Botschaft, wozu ein Bauchgefühl ebenfalls gehört, kann nur so klar sein, wie Sie es selbst sind. Wenn Sie also sehr aufgewühlt sind oder im Zustand großer Verwirrung nach Intuition fragen, wird die Botschaft genau mit dieser Verfärbung eintreffen – wenn sie überhaupt den Weg durch die Wolken bis zu Ihnen findet.

Um unsere Intuition klar und verständlich zu empfangen, müssen wir die Wahrnehmung trainieren und für innere Klarheit sorgen. Das automatische Schreiben hilft, die Wolken zu leeren. Schreiben Sie nieder, was Sie derart ablenkt und beschäftigt hält. Im Weiteren erkläre ich einzelne Störfaktoren und wie wir sie beseitigen können.

Welches sind aktuell meine dunkelsten, dichtesten Wolken?
Was beschäftigt meinen Geist?
Befinde ich mich gerade in einem Gedankenkarussell?

Reizüberflutung

Es ist in unserer Zeit so leicht, sich in einem Informationsstrudel zu verlieren, mit Reizen zugeschüttet zu werden. Visuelles, Geräusche, Lärm, Beschallung, Daten ... wir können uns der Reizflut kaum noch entziehen, wenn wir uns in der Gesellschaft bewegen – sei dies physisch oder online. Die Reizüberflutung zu begrenzen, bedarf also wiederholter bewusster Entscheidungen: Trubel? Oder Rückzug und Stille?

Reizüberflutung ähnelt dem Thema der Ablenkung, geschieht jedoch oft unbemerkt nebenher. So kann der Schalter – nur scheinbar überraschend – von einem Moment auf den anderen auf «zu viel» und Überbelastung kippen. Ist das geschehen, so sind wir quasi über die persönliche Reizbelastungsgrenze hinausgeschossen und es kostet umso mehr reizlosen Rückzug, um unser inneres Gleichgewicht wiederzufinden.

Wenn unser internes System überlastet ist und wir einfach zu viele Reize aufgenommen haben, hängt der Himmel quasi voller Wolken. Die Intuition wird von den nicht verarbeiteten Reizen überdeckt oder sogar blockiert. Wir müssen also die Überreizung abarbeiten, einen klaren Himmel und eine Aufnahmebereitschaft schaffen. Erst dann kann uns die Intuition wieder erreichen.

Woran merke ich, dass ich zu viele Reize aufgenommen habe?
Wie fühlt sich in mir eine Reizüberflutung an?
Mithilfe welcher Strategie «entleere» ich mich wieder?

Hochsensibilität

Hochsensible, meist kurz HSP genannt, sind im Grunde hochbegabt für Intuition. Dank ihren feinen Antennen und der sensiblen Wahrnehmung erkennen sie die zarte intuitive Stimme leichter. Leider sind sie auch anfälliger für Störungen diesbezüglich. Sie sind beispielsweise aufgrund der durchlässigeren Filter schneller und öfter reizüberflutet. Auch sind sie erstaunlich oft toxischen oder sogar narzisstischen Manipulationen ausgesetzt, sodass sie ihre Verbindung zu ihrer natürlichen Begabung auch verlieren können. Ist dies der Fall, werden sie leicht zum Spielball ihrer Mitmenschen.

Hochsensibilität hat nichts mit schlechter Belastbarkeit oder Emotionalität zu tun. Vielmehr ist es eine Eigenschaft wie viele andere auch, vergleichbar mit einem Spektrum von Introvertiertheit und Extrovertiertheit, von blonden Haaren und schwarzen, vom nordischen Typ und südländischen. Im Grunde ist Hochsensiblität nichts Spektakuläres und diese angeborene Eigenheit gab es schon immer.

Früher waren die Hochsensiblen die Schamanen und weisen Berater ihres Stammes. Heute sind ihre Gaben weniger geachtet. In der lauten, hektischen Welt sind sie sogar allzu oft ein spürbarer Nachteil.

Das Buch ***«Zart besaitet» von Georg Parlow*** ist sehr empfehlenswert. Der Autor gehört zu den Pionieren, die Hochsensibilität im deutschsprachigen Raum thematisierten. Auf ***www.zartbesaitet.net*** finden Sie einen aufschlussreichen ***HSP-Test***, der vielleicht auch bei Ihnen für ein Aha-Erlebniss sorgt.

Bin ich hochsensibel?
Welche Merkmale der Hochsensibilität zeigen sich in meinem Leben besonders?
Wo auf dem Spektrum bewege ich mich?
Nehme ich meine sensiblen Antennen an? Lebe ich vielleicht sogar gerne mit ihnen? Sind sie mir nützlich?
Was könnte ich in meinem Alltag ändern, um als HSP leichter zu leben?

Inneres Geplapper

Monkey Mind, inneres Geplapper, innerer Dialog, Gedankenkarussell, Selbstgespräche: In uns findet ständig ein Kommentieren, Katalogisieren, Abwägen und Urteilen statt. Wir alle reden mehr oder weniger ständig in uns selbst und mit uns selbst. Alle Weisen aus alten und neuen Zeiten weisen darauf hin, wie elementar wichtig es ist, innerlich still zu werden. Das bedeutet nicht, dass der innere Dialog dann vollkommen versiegt. Es bedeutet, ihn nicht mehr zu nähren, ihn nicht anzutreiben, ihm nicht nachzuhängen und ihn nicht so todernst zu nehmen.

In den Pausen, wenn unser Monkey Mind schweigt, grüsst die Intuition. Endlich findet sie eine Lücke, um zu uns durchzudringen! Für die spirituelle und persönliche Entwicklung ist es enorm wichtig, dem inneren Geplapper immer weniger und der Stille immer mehr Raum zu geben. Auf diesem Weg hilft Meditation oder das Ruhen in Stille, wie ich es für mich nenne. Dazu später mehr.

Übung: Wenn Sie sich beim inneren Geplapper ertappen, stellen Sie es sich auf einer Kreidetafel vor. Visualisieren Sie, wie die Worte über die Tafel huschen … sie kommen und gehen. Sagen Sie «Stopp!» und wischen Sie mit einem imaginären Schwamm die Tafel leer.

Was passiert, wenn die Kreidetafel leer ist? Was fühle ich? Welche Strategie hilft mir, um das innere Geplapper zu stoppen?

Sollte

Was sollten Sie heute alles erledigen? Was sollten Sie heute keinesfalls vergessen? Woran müssen Sie unbedingt denken? Manche wachen auf und beginnen gedanklich bereits ihre To-Do-Listen zu schreiben, die sie tagsüber roboterartig abarbeiten. Ein wichtiger Schritt Richtung Intuition ist, sich von den gedanklichen «Sollte» und «Müssen» zu befreien.

Ich empfehle keinesfalls, verantwortungslos zu werden, nein. Einige Verpflichtungen existieren tatsächlich nur in unserem Kopf oder als Spiegel der Erwartungen unserer Mitmenschen. Es geht darum, eingeschliffene «Sollte» und «Müssen» zu entlarven, unnötige zu eliminieren und nötige in «Wollen» umzuwandeln. Solange wir einfach funktionieren müssen, weil uns das Innere – unsere Gedanken, unsere Muster, unsere To-Do-Listen – dies diktiert, bleibt kein Spielraum für Intuition.

Welche «Sollte» und «Müssen» werden mir von aussen vorgegeben? Welche gebe ich mir selbst vor? Welche darf ich verabschieden? Welche Bedürfnisse stehen wirklich dahinter, wenn ich diese «Sollte» und «Müssen» erfülle?

Logik

Gedanken und Muster folgen einer Logik. Also: «Wenn ich das denke, fühle ich mich so.» und «Ich denke das oder handle so, weil ich dies erlebt oder gedacht habe.» Intuition ist hingegen total unlogisch. Wir könnten fast glauben, dass Intuition der innere Gegenpol der Logik ist. Während nämlich die Logik aus der linken Gehirnhälfte geboren wird, ist die rechte Gehirnhälfte für Intuition zuständig. Unsere Erziehungs- und Wirtschaftssysteme zielen hauptsächlich auf die Fähigkeiten der linken Gehirnhälfte ab. Kein Wunder, dass bei vielen Menschen die intuitive Wahrnehmung und Kreativität kränkeln.

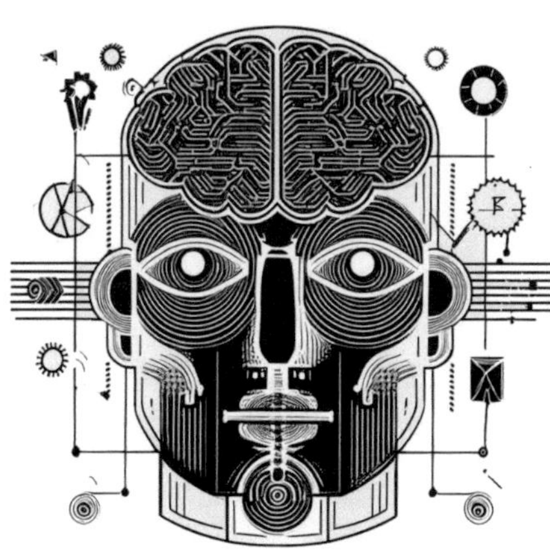

Wenn wir an einer Wahrnehmung zweifeln, nicht sicher sind, ob uns das Bauchgefühl trügt, begeben Sie sich in eine zweite Runde. Prüfen Sie die empfangene Botschaft erneut. Wenn Sie sich beim Argumentieren ertappen, sind Sie in der Logik und im Denken anstatt in der urteilsfreien, offenen Empfangshaltung. Argumente und das typische Nachdenken sind deutliche Zeichen, dass es sich bei der Botschaft nicht um eine intuitive handelt. Einige intuitive Prüftechniken beschreibe ich später.

Mag ich Kreativität?
Wie viel Platz darf sie in meinem Leben einnehmen?
Mit wie viel Logik fühle ich mich wohl?
Wie viel Zeit verbringe ich täglich mit unlogischen, kreativen, spielerischen, entdeckerischen Tätigkeiten?
Welche sind das?
Was wünsche ich mir von der Logik? Und was von der Kreativität?

Leistungsdruck

Jetzt sind wir wieder bei unseren To-do-Listen. Ja, wer sein Leben solchen Listen unterordnet, bleibt im Denken, innerhalb der Vorstellungen, Erwartungen und Strukturen. «Es sollte so sein, damit jenes folgen oder gelingen kann …»

Wie oft folgt Ihr Alltag diesen Vorstellungen? Wie regelmäßig verhält sich Ihre Umgebung exakt so, wie es Ihren Plänen dient? Unser Muster, ständig alles miteinander vergleichen zu wollen, nährt den Leistungsdruck ebenfalls. Vergleiche tyrannisieren uns und treiben ständig an. So bleibt kein Raum für Intuition.

Wie kann ich den Leistungsdruck minimieren?
Wie viel vom Druck ist «hausgemacht»? Existiert also nur dank den Geschichten, die ich mir gedanklich erzähle? Oder die von (gesellschaftlichen oder familiären) Erwartungen befeuert werden?
Wie viel davon ist anerzogen? Wie viel selbstgewählt?

Erwartungen

Wer etwas erwartet, lässt dem Leben kaum Spielraum, frei zu fließen. Erwartungen wählen eine Variante und schließen gleichzeitig unendlich viele aus. Das schafft unendlich viel Potenzial für Enttäuschung! Das Leben kann uns deutlich reicher beschenken, wenn wir ihm stattdessen einfach vertrauen.

Ja, klar, wir können dem Leben oder dem Universum unsere Wünsche mitteilen, dagegen spricht überhaupt nichts. Wenn wir anschließend erwarten, dass es sich wunschgemäß erfüllt, wird es eng. Und starr. Mit 99 % Wahrscheinlichkeit auch enttäuschend.

Ob wir Erwartungen haben oder nicht – das Leben zeigt sich eh so, wie es möchte, und höchst selten so, wie wir es gerne hätten … nicht wahr? Wer seine Erwartungen minimiert, lebt befreiter.

Was erwartete ich heute? In dieser Woche?
Wer oder was verhält sich sehr entgegen meiner Erwartungen?
Welches sind meine grundlegenden Erwartungen in der Partnerschaft, Familie, Beruf, überhaupt an das Leben?
Wie wäre mein Gefühlsleben ohne diese Erwartungen?

Wunsch

Entscheidend für Wünsche ist, in welchem Bewusstsein sie wurzeln. Wo entstehen sie? Im Ego? Im Verstand? Im universellen Sein? Menschliche Wünsche aus dem Ego oder Verstand sind wie Erwartungen. Sie engen unseren Fokus ein, von unendlichen Möglichkeiten auf eine. Warum tun wir uns das an?

Schlussendlich wünschen wir uns etwas, weil wir mit dem aktuellen Zustand nicht hundertprozentig glücklich sind. Wären wir das nämlich, bräuchten wir uns nichts mehr zu wünschen. Hinter jedem menschlichen Wunsch steckt Mangel. Und jeder Mangel tut irgendwie weh oder ist zumindest unangenehm. Also sind unsere Wünsche das Bedürfnis, diesen Mangelschmerz zu beenden.

Oft hilft, die Motivation eines Wunsches zu hinterfragen. Denn wir neigen dazu, uns diesbezüglich etwas vorzumachen. Wenn wir die tatsächliche Motivation wirklich erkennen möchten und nach ihr graben, erleben wir meistens eine Überraschung. Womöglich löst sich mit dieser Erkenntnis sogar der ursprüngliche Wunsch auf.

Bei Wünschen oder Plänen hilft Ihnen vielleicht das Kapitel «Instrument: Ja oder Nein?» weiter.

Welches Bedürnis steckt tatsächlich hinter meinem aktuell drängendsten Wunsch?
Kann ich mir dieses Bedürfnis sonst irgendwie erfüllen?
Welches sind meine wichtigsten Wünsche?
Wie wäre mein Leben ohne diese Wünsche? (Nicht ohne die Erfüllung dieser Wünsche!)
Kenne ich einen wunschfreien Zustand? Wie fühlt der sich an?

Kraft der richtigen Frage

Von der Intuition geführt zu werden, ist auch ein Wunsch. Einerseits alle Wünsche als Folgen des Mangels zu verstehen und andererseits doch den Wert der Wünsche anzuerkennen, ist irgendwie schizophren. Die Frage ist, in welchem Bewusstsein taucht der Wunsch auf. Derjenige nach Geführtsein gründet in Hingabe, im universellen Sein. Tatsächlich würden wir selig im Sein verharren und sämtliche Bewegung, sämtliche Lebendigkeit überflüssig machen, wenn wir keine Bedürfnisse und keine Wünsche mehr hätten. Lebendigkeit braucht also ein Minimum davon, um sich zu bewegen.

Damit Intuition Ihnen bei Herausforderungen zur Seite stehen kann, brauchen Sie das Bedürfnis nach einer Lösung. Dieses Bedürfnis ist wie eine Botschaft an Ihre Intuition, auf die sie reagieren kann. Tatsächlich können Sie Ihre Intuition wie ein Medium nutzen. Sie brauchen also nie wieder eine teure Beratertelefonnummer zu wählen.

Entscheidend für die Wirksamkeit der Antwort ist Ihre Frage. Fragen Sie nicht «Wann werde ich …?», denn die Antwort könnte Sie erschrecken und eventuell blockieren. Fragen Sie lieber: «Was kann ich tun, um ...», «Was hilft mir gerade, damit …» oder «Was ist jetzt gerade hilfreich, damit/um …»

Formulieren Sie die Frage sorgfältig, sehr präzise und fokussiert. Ja, richten Sie Ihren Fokus auf die Frage und anschließend von ihr weg hinein in den leeren Raum – in den Raum aller Möglichkeiten. Werden Sie offen, ohne Urteile, – auch ohne Wunsch, die Antwort irgendwie beeinflussen zu wollen. Hingabe. Horchen oder schauen Sie in den Raum der Möglichkeiten und heißen Sie urteilsfrei alles willkommen, was darin auftaucht. Bleiben Sie in dieser fokussierten Offenheit.

Vorsicht: Versuchen Sie keinesfalls, eine Antwort herbeizuzwingen. Vertrauen Sie stattdessen der allumfassenden Kreativität und allwissenden Weisheit sowie dem universell perfekten Timing. Ihre Frage wird gehört. Die richtige Antwort kommt zum stimmigen Zeitpunkt.

Formuliere ich meine Fragen sorgfältig?
Auf welche Fragen wünsche ich aktuell eine intuitve Antwort?
In welcher Situation wünschen ich mir intuitive Führung?
Bin ich jetzt urteilsfrei bereit für die Antwort, egal, wie sie lautet?

Einstellung

Die eigene Einstellung richtet den Fokus auf das, was wir von der Welt sehen (wollen). Eine unfassbar wertvolle Fähigkeit ist die, unsere eigenen negativen Einstellungen und Gedanken zu erkennen und uns geistig neu auszurichten. Diese Fähigkeit ist entscheidend für unser Lebensglück. Sie hilft uns außerdem, wichtige intuitive Botschaften als solche zu erkennen. Eine negative Einstellung gegenüber unserem eigenen Leben und seinem Verlauf ist einer negativen Erwartung gleichzusetzen. Wir richten unseren Fokus aufs Negative und schreiten zuverlässig darauf zu. Rennfahrer wissen genau, dass sie ihrem Blick nach steuern. Wer die Wand fixiert, kracht dagegen, statt die Kurve zu erwischen.

Eine negative Einstellung ist so verlockend, da eine negative Person damit auch von Mitmenschen Energie einfordert. Negativität entwickelt eine Eigendynamik und dehnt sich im eigenen System aus. Sie wird jedoch vom Leben hochgradig bestraft mit Unzufriedenheit und Pech. Glücklich macht Negativität garantiert nicht.

Worauf richte ich heute meinen Fokus?
Schaffe ich es, meine eigenen negativen Gedanken zu erwischen und sie in positive zu verwandeln?
Was erleichtert mir dieses Umwandeln?

Eigenverantwortung

Wer Verantwortung für die eigene Gefühlsregulierung und seine Einstellungen übernimmt, reift geistig. Verantwortung ist der bedeutende Punkt, der einen Menschen vom unbewussten Reagieren zum bewussten Sein wachsen lässt. Das ist der Weg aus jeglicher Opferdenkweise und -haltung hin zu Selbstverantwortung und Selbstbemächtigung.

Negatives – ob als Einstellungen, Erwartungen und Ansichten – verengt den Fokus, was der Intuition wiederum kaum Spielraum lässt, zu uns vorzudringen. Treten Sie also beiseite und beobachten Sie, wo und wann Sie negativ reagieren. Achten Sie auf Ihren inneren Dialog. Lassen Sie ihn nicht mehr einfach vor sich hinplätschern. Übernehmen Sie Verantwortung für ihn. Wenn Sie sich selbst bei Negativem ertappen, ziehen Sie sich zurück und richten Sie sich geistig neu aus.

In welchen Situationen könnte ich mehr Eigenverantwortung übernehmen?
Wie stärke ich allgemein meine Eigenverantwortung?
Welches ist meine Strategie, um meine Gefühle zu regulieren?
Wie durchbreche ich wirkungsvoll negative Denk- und Verhaltensmuster?

Hindernisse

Intuition ist pures Leben. Sie ist verbunden mit Leichtigkeit und Spiel. Wenn wir uns dem Leben hingeben, sind wir weit offen für Intuition. Ohne Urteile, Erwartung und Leistungsdruck folgen wir dem Moment und dem, was uns das Leben jetzt schenken möchte. So hüpfen wir fröhlich über Hindernisse und erkennen ihre Schönheit. Gefangene des Urteilens und Negativdenkende sehen in Steinen hässliche Hindernisse auf dem Weg der Leistung und Wirtschaftlichkeit. In diesem Buch üben wir die Hingabe – und damit die Intuition. Die scheinbaren Hindernisse auf unserem Weg sind genauso lebensberechtigt wie wir selbst. Und sehr oft sind sie wichtige Botschafter.

Welches sind meine aktuellen Hauptsteine?
Wie kann ich meine Einstellung gegenüber diesen Herausforderungen ändern?
Was kann ich von ihnen lernen? Was sagen sie mir?
Wann fällt mir Hingabe (noch) besonders schwer?
Wie würde es sich anfühlen und was würde geschehen, wenn ich Herausforderungen vollständig annehme und mich mit ihnen anfreunde?
Kann ich aus ihnen vielleicht etwas Schönes oder Wertvolles gestalten?

Harmonie

Intuition ist nicht nur eine Frage der Hingabe, sondern auch eine der Harmonie. Unsere Intuition weiß, was für uns stimmig ist. Also: was harmonisch gerade zu uns passt und sich natürlich integrieren lässt. Folgen wir der Intuition, so schreiten wir auf dem Lebensweg der Harmonie. Manchmal kann sich dies im Moment auch durchaus unharmonisch anfühlen. Langfristig sind Sinn und Harmonie dieses Weges jedoch erkennbar, sofern wir offen und bewusst zurückblicken. Oft erkennen wir sogar eine Logik, sehen, wie ein Ereignis auf dem anderen aufbaut – in natürlicher Entwicklung und immer wieder Harmonie anstrebend. Mit diesem Erkennen ist im Nachhinein auch unsere linke Gehirnhälfte glücklich. Obwohl sich dieses angeborene tiefere Gespür für Harmonie in Intuition ausdrückt, ist diese stimmige Ordnung des Lebens schlussendlich genauso logisch. Intuition und Logik – die zwei schließen sich gegenseitig nicht aus, sondern ergänzen sich harmonisch.

Wir werden darauf trainiert, Disharmonie als schlecht oder falsch zu bewerten. Dabei ist sie eine wichtige Bewegung im Lebens. Sie hat den gleichen Stellenwert wie ihre Schwester Harmonie. Nur dank Disharmonie erkennen wir Harmonie. Nur wenn etwas aus dem Tritt ist, spüren wir, welcher Weg richtig und harmonisch ist.

Das Leben hat einen natürlichen Drang, Disbalance zu harmonisieren. Wenn wir ihm also einfach vertrauen und freie Hand lassen, wird es einen Weg aufzeigen, um wieder Harmonie herzustellen. Wir dürfen vertrauen. Das heisst nicht zwingend, dass sich alles von alleine regelt. Sondern dass wir im richtigen Moment wissen, welche Handlung oder Entscheidung stimmig ist.

Worin erkenne ich die universelle Harmonie?
Wie zeigt sich in meinem Leben die natürliche Ordnung?
Wo missachte ich sie und handle gegen sie?
Wie fühlt sich Harmonie an? Wie Disharmonie?

Wie gut vertrage ich Disharmonie?
Empfinde ich sie als wichtig auf dem Weg zur Harmonie?

Logik versus Intuition?

Damit wir uns richtig verstehen: Verstand und Logik haben durchaus ihre Berechtigung. Sie sind sinnvoll, sonst würden sie nicht sein. Wir schreiben nicht gegen sie, sondern für die Intuition. Wir verteufeln nichts, sondern betonen, wie wertvoll die intuitiven Fähigkeiten sind.

Intuition kann viel mehr sein als eine schöne Ergänzung, eine überraschende Bereicherung. Sie spart uns im Alltag Zeit, schenkt uns Führung und tatsächlich eine Art von unkontrollier- und unberechenbarer Sicherheit. Gesellschaft, Wirtschafts- und Schulsysteme trainieren ständig unsere logische Verstandesseite – jetzt darf die intuitive Seite ebenfalls Raum einnehmen und sich neben dem Verstand auf den Thron setzen.

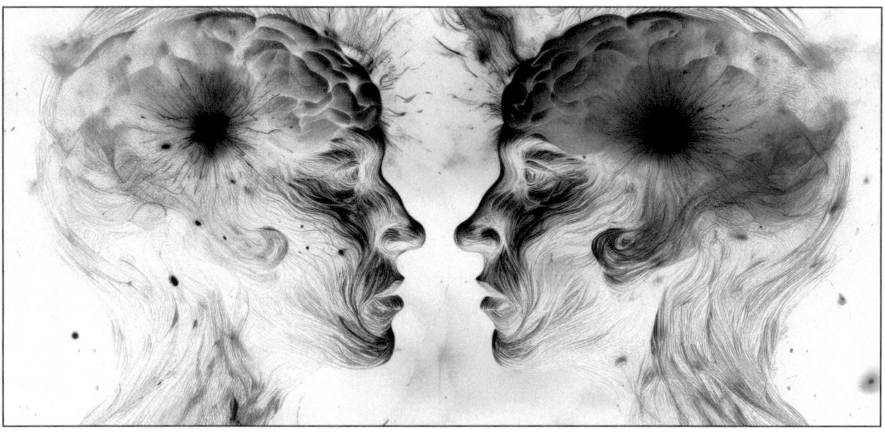

Welchen Stellenwert haben bei mir Logik und das Denken?
Wie erlebte ich es in meiner Kindheit? Welche Fähigkeiten wurden eher gefördert, die logischen oder die intuitiven?
In welchen Situationen half mir die Logik nicht weiter?
Woran erkenne ich die die Stimme der Logik und des Verstandes?
Woran erkenne ich die Stimme der Intuition?
Bestimmte Gefühle? Besondere Wahrnehumg?
Bin ich bereit, meine Aufmerksamkeit etwas vom Verstand abzuziehen und Raum für die Intuition zu schaffen?

Bewusstsein

Bestimmt haben Sie auch schon von den verschiedenen Bewusstseinszuständen gelesen wie Unterbewusstsein und Überbewusstsein. Die Namen sind je nach Lehre und Tradition unterschiedlich. Schlussendlich sind es einfach Bezeichnungen, die versuchen, Bewusstseinszustände in Ihrem Feld zu markieren. Unser Bewusstsein ist ein Spektrum. Je nach aktueller Form kann es ganz weit und umfassend sein, oder sehr eng und begrenzt, hochschwingend oder niedrig. Wir wandern den ganzen Tag über immer in diesem Bewusstseinsfeld auf und ab, links und rechts, nach vorne und hinten. Je nachdem, wo wir uns mit unserem Bewusstsein gerade befinden, spüren wir keine Angst, sondern Vertrauen und Verbundenheit. Ja, irgendwohin haben wir Gefühle verdrängt, die wir einst nicht fühlen wollten. Sind sie im Unterbewusstsein gespeichert? Wir wissen es nicht. Noch niemand hat sie konkret gesehen. Sie sind also irgendwo und wirken aus dem Verborgenen. Ist die Namensgebung wirklich so entscheidend? Ist es nicht viel wichtiger, das Gespeicherte in Ihrem Feld zu lokalisieren, es zu befreien – und damit selbst freier zu werden?

Sie erkennen bereits, dass wir von Bezeichnungen nicht viel halten. Unterbewusstsein, Überbewusstsein, erstes oder siebtes Chakra ... Und jetzt? Die Konzepte und Bezeichnungen helfen uns kaum weiter. Wir können dank ihnen höchstens darüber nachdenken und damit befinden wir uns wieder voll in der Logik. Halleluja.

Nein, uns interessieren das Fühlen und die Energien. Es gibt einen optimalen Bewusstseinszustand für die Intuition. Wie sich das genau anfühlt, ist nicht mit Worten zu beschreiben. Sie müssen es selbst fühlen. Wenn Sie das nächste Mal also intuitiv verbunden sind, dies anhand einer erfolgreichen Eingebung spüren, merken Sie sich dieses Gefühl. Wenn Sie es abspeichern, können Sie sich wieder daran erinnern und sich so gezielt in den optimalen Bewusstseinszustand begeben. Sie markieren quasi den Standpunkt in Ihrem Bewusstseinsfeld und wissen von da an, wohin Sie zurückkehren können. Ja, so einfach ist das.

An welchen Konzepten halte ich fest?
Muss ich Bewusstsein und Intuition zwingend völlig verstehen?
Darf ich experimentieren?
Was fällt mir dabei schwer? Leicht?

Verdrängtes

Verdrängte Gefühle … und jetzt? Haben wir die nicht alle? Und warum sind sie so wichtig für unseren Weg? Ja, wir alle haben sie, auch wenn unser bisheriges Leben noch so glücklich war. Was wir einmal nicht verstehen und/oder fühlen wollten oder konnten, verdrängten wir. Heute wird dieses Verdrängen schnell als Trauma bezeichnet. Wir alle – ob mit holpriger oder glücklicher Kindheit – haben solch Verdrängtes. Es wirkt wie Wolken, die unsere klare intuitive Wahrnehmung behindern oder sogar blockieren. Wir müssen also den eigenen geistigen Himmel klären und das geht nur mit der Aufarbeitung des Verdrängten und Unterdrückten. Leider kann ich das in diesem Buch nicht in ein paar Kapiteln mit Ihnen erledigen, denn die Aufarbeitung ist zu individuell.

Verdrängtes ist nicht weg, sondern es wirkt aus dem Untergrund. Diese nichtgefühlten Gefühle hängen irgendwo in unserem Bewusstseinsfeld und strahlen von dort aus in unser Denken, in unsere Wahrnehmung und somit in unser Handeln. Sie sind dafür verantwortlich, dass wir überreagieren und teils unverhältnismässig heftig reagieren. Sie sind unsere wunden Punkte, unsere Trigger. Diese verdrängten Gefühle sind also tatsächlich konkrete Hindernisse für unsere Intuition und ein glückliches, entspanntes Leben.

Mal etwas niedergeschlagen zu sein, vielleicht eine Art depressive Phase durchstehen zu müssen, gehört zum Leben. Krassere Anzeichen wie Burnout, gröbere Abhängigkeiten und Süchte, ausgeprägte Bedürftigkeit etc. sind deutliche Hinweise darauf, dass etwas genauer angesehen und aufgelöst werden möchte.

Hiermit sprechen wir eine deutliche Warnung aus: An der Aufarbeitung meines Verdrängten bin ich, Leilani, fast zerbrochen. Ich spürte den massiven Drang, mir das Leben zu nehmen – so düster und überwältigend war, was da in mir hochkam. Und das, obwohl ich bereits seit 25 Jahren intensiv auf dem spirituellen Weg gewesen war! Das

Krasseste wurde mir wie Pralinen serviert, an denen ich schlussendlich doch noch zu ersticken drohte. Ich bin noch da. Jetzt strahle ich und ich liebe mein Leben mit allem, was war und ist und sein wird. Doch es war knapp und mir ist bewusst, dass es für mich auch hätte anders enden können. Deshalb: Versuchen Sie lieber nicht, das alleine zu bewältigen. Holen Sie sich bitte Hilfe bei einem erfahrenen Coach, der Sie immer wieder durch die Prozesse begleitet. Ideal ist eine Person, die Erfahrung mit Inner-Kind-Arbeit hat.

Mit jeder Aufarbeitung werden Sie freier und empfänglicher für Ihre Intuition und Ihr wahres Sein. Der Weg lohnt sich.

Könnte es sein, dass ich heftige Themen aufzuarbeiten habe?
Bin ich oft scheinbar grundlos niedergeschlagen, vielleicht sogar depressiv?
Welches sind meine typischen Trigger-Themen?
Wen könnte ich bitten, mich bei der Aufarbeitung zu begleiten?

Kurs in Wundern: Angst oder Liebe?

Im Buch «Kurs in Wundern» steht, dass wir uns von den beiden Grundemotionen Angst und Liebe steuern lassen. Ja, im Rahmen einer groben Schubladisierung stimme ich dem zu. Wobei deutlich zu unterscheiden ist, ob wir Angst aus existenziellem Grund empfinden, weil unser Körper tatsächlich in Gefahr ist. Oder ob wir die Angst in unserem Verstand produzieren und sie somit nur in erdachten Geschichten gründet.

Wie im Kapitel «Bewusstsein» beschrieben, empfinden wir es eher als ein Feld, in dem wir uns bewegen. Je nachdem, wo wir aktuell stehen, beeinflusst eine andere Prägung, ein anderes Bedürfnis, eine andere Energie unser Sein – und damit unsere Wahrnehmung, unsere Entscheidungen, unser Tun und die Qualität unserer intuitiven Botschaften. Die Position, wo wir uns gerade in unserem Bewusstseinsfeld befinden, bestimmt, durch welche Brille wir die Welt wahrnehmen. Und das ist entscheidend.

Das wahre Wunder für mich ist, dass wir uns jederzeit anders entscheiden können. Wir selbst bewegen uns im Bewusstseinsfeld, das sich wiederum in einem größeren Bewusstseinsfeld und dieses in einem noch größeren Bewusstseinsfeld befindet. Fast endlos: Feld in Feld in Feld ... Gefällt uns die derzeitige Position in unserem persönlichen Bewusstseinsfeld nicht, können wir sie wechseln. Wie? Indem wir unseren Geist und damit unseren Fokus bewusst neu ausrichten. Oder unsere Aufmerksamkeit auf etwas anderes lenken. Das ist wunderbar! Und macht uns zum Schöpfer unserer Welt.

Kann ich die Idee des Bewusstseinsfelds annehmen?
Nehme ich die aktuelle Position in meinem Bewusstseinsfeld wahr, kann ich sie orten?
Wo im Feld spüre ich Liebe?
Wo Angst, Nervosität, Ruhe, Sicherheit, Freiheit?

Instrument: Bewusstseinsfeld wechseln

Stellen Sie sich Ihr individuelles Bewusstseinsfeld wie eine Energieblase vor, die Sie ballonartig umgibt und beinhaltet. So, wie Sie beispielsweise Ihre Aufmerksamkeit auf einen Daumen oder das Knie lenken können, so können Sie genauso in dieser Energieblase umherwandern. Versuchen Sie es einfach.

Wo befindet sich Angst? Wo ist die Liebe? Wo die Vorsicht? Wo die Begeisterung? Wo der Drang nach Aktivität? Wo das Bedürfnis nach Stille? Wandern Sie in Ihrem Bewusstseinsfeld umher und achten Sie auf die Unterschiede in Ihrer Wahrnehmung. Spannend, oder?

Stille

Das Ruhen in der Stille beendet die ständige innere Aktivität von Fühlen und Denken. Wir gelangen in diese Stille, wenn wir uns in unser Inneres hineinsinken lassen. Manche empfinden eine Gleichzeitigkeit von Hineinsinken in sich und Ausdehnung in den unendlichen Raum.

Ein universell einsetzbares Mittel für fast alles: Stille. Aufgewühlt? Hinsetzen und sich der Stille hingeben. Quälen Fragen oder das Gedankenkarussell? Hinsetzen, Stille. Bei Überreizung ... Sie ahnen es: Stille. Ideal ist, sich einen Lieblingsplatz zu schaffen, den Sie für diese innere Einkehr nutzen. Dann läuft das Stilleprogramm nach etwas Übung bald wie von selbst. Auch die Natur schenkt uns wunderbare Plätze der Stille, die vielleicht gar nicht so still sind. Im Wald oder am Meer, wo es nie wirklich still ist. Musik, manchmal sogar sehr laute, hilft manchen Personen auch in die innere Stille.

Hochsensible und Autisten können ihre Überreizung manchmal sehr gut «abarbeiten», wenn sie Kopfhörer aufsetzen und in ihre Lieblingsmusik abtauchen. Oder wenn sie gamen.

Die Strategie, in die Stille einzusinken, ist manchmal tagesformabhängig – mal so, das nächste Mal anders. Geräusche, selbst die in einer U-Bahnstation, können je nach Typ helfen, tiefer ins Innere zu sinken und still zu werden. Probieren Sie aus, welcher Ort und welche Strategie Ihrer Stillwerdung dienen.

Wandern, Gartenarbeit, Renovationen, Tanz, Basteln, Malen, Schreiben oder Meditation? Auch das sind Wege, wie wir in die Stille finden können.

Übrigens: Stille ist nicht das Fehlen von Geräuschen und Tönen, sondern die Möglichkeit für alles. Sie ist also nicht leer, sondern absolute Fülle. Mit Stille ist eine geistige gemeint, eine Art der Zentrierung, in der wir zur ureigenen Stille finde, in der Gedanken und Gefühle verschwinden und wir mit allem verbunden sind.

Wie finde ich besonders schnell oder leicht in die Stille?
Welche Strategie funktioniert bei mir besonders gut?
Wo fühle ich mich besonders wohl, sodass ich in mich hineinsinken und still werden kann?

Nebenwirkung: Stabilität und Wohlfühlen

Intuition findet den Weg in unsere Wahrnehmung, wenn der Himmel unseres Geistes möglichst frei ist. Wir haben also die Wolken wie Zweifel, Ängste, Zwänge und Traumata aufgearbeitet und die Sonne der Klarheit scheint in unseren Geist. Endlich empfangen wir Intuition deutlich und vertrauen ihr. Eine wunderbare Nebenwirkung ist unsere psychische Gesundheit. Wir fühlen uns in vollem Vertrauen verwurzelt und wohl. Wir leben verspielt, leichter und enthusiastischer, was wiederum unsere Kreativität und Produktivität nährt. Diese geistige Genesung findet uns als logische Folge und ganz natürlich, wenn wir innerlich aufgeräumt haben. Schön, oder? Dieser Weg ist sicher nicht leicht, nein, doch er lohnt sich mehrfach.

Wie würde ich mich mit mehr Stabilität fühlen?
Wie definiere ich meine persönliche Stabilität überhaupt?
In welchen Lebensbereichen wünsche ich mir mehr Stabilität?

Wichtig: Jetzt

Wie Sie wissen, ist das Leben in ständiger Bewegung. Alles verändert sich. Immer. In jedem Augenblick. Wenn Sie also eine intuitive Abfragung machen, so ist die Antwort genau richtig für diesen einen Augenblick. Fragen Sie also immer mal wieder nach, ob es noch stimmig ist. Mit der Zeit wird das intuitive Hineinspüren, Hören oder Sehen zur Gewohnheit und Sie nutzen die Möglichkeiten quasi ständig in Ihrem Alltag. Irgendwann ist die intuitive Abfragung ein normaler Bestandteil des Lebens und erfolgt automatisch. Das ist eine optimale Lebensweise: Die Intuition führt behutsam, liebevoll von Augenblick zu Augenblick.

Wenn Sie zu weit vorausgreifen möchten, vergeuden Sie Ihre Zeit. Im Jetzt können Sie über zukünftige Wahlmöglichkeiten nur spekulieren. Entscheiden Sie sich besser im Jetzt für einen aktuell notwendigen Schritt nach dem anderen.

Wie finde ich möglichst leicht oder schnell zurück in den jetzigen Moment? Welche Strategien helfen mir?
Wie würde sich mein Leben anfühlen, wenn ich vermehrt im Jetzt lebe? Welche Vorteile gebe es?
Wie würde ich mich im Jetzt fühlen, ohne Geschichten über Vergangenheit und Zukunft?
Bin ich bereit, das Kontrollierenwollen meiner Zukunft (möglichst) aufzugeben?

Pause

Wenn Sie schwammig werden, ist intuitive Wahrnehmung möglich. Kennen Sie den Moment, wenn Sie in Tagträumen versinken und Ihre Augen jegliches Fokussieren aufgeben? Dann verschwimmt Ihr Sichtfeld, Konturen verwischen und nichts ist mehr richtig scharf. Ohne Fokus, ohne Konzentration. Damit öffnen Sie Ihrer Intuition die Tür. Es darf eintreten, was mag, was gerade stimmt.

Eine Weile gab es die Bücher mit den magischen Bildern, die aus dem chaotischen Muster plötzlich klar in 3D zu sehen waren, wenn wir unseren Blick weich werden liessen. Die eher älteren Semester unter uns mögen sich vermutlich an sie erinnern.

Diese Pausen im fokussierten Tun, dieses Innehalten und Loslassen des gezielten Wollens, sind der Schlüssel. In ihnen öffnen Sie sich der Intuition. Im Alltag schwingen wir oft unbewusst ständig hin und her. Einmal sind wir aktiv und fokussiert, dann wieder passiv und empfangend. Achten Sie auf diese Zustände. Speichern Sie ab, wie sie sich anfühlen und was sie auslöst, damit Sie sie zukünftig bewusst herbeiführen können. Wenn Sie den Wechsel zwischen diesen beiden Polen trainieren, tanzen Sie bald leicht und bewusst hin und her, so wie es Ihrem Alltag gerade dient. Die Wechsel können Sie bewusst vollziehen, also anhand von bewussten Entscheidungen, oder fortgeschritten intuitiv geführt und den Impulsen folgend.

Diese Passivität wird in manchen Philosophien auch als «das Weibliche» bezeichnet: empfangend, urteilslos, liebend respektive annehmend, ruhend, zufrieden.

Manche Menschen verlieren sich im Aktivismus. Sie anerkennen den Wert dieser Pausen nicht an und verstehen nicht, dass sie in der Passivität nicht nur Kraft, sondern auch neue Ideen und wertvolle Sichtweisen empfangen können. Beide Zustände sind gleichwertig. Nur unsere geschäftige Gesellschaft will Ihnen etwas anderes einreden und erklärt das scheinbare Nichtstun als Zeitverschwendung. Lassen Sie sich davon nicht blenden! Gehen Sie Ihren Weg zwischen beiden Polen und nutzen Sie ihre jeweiligen Vorzüge.

Wann habe ich diesen weichen Blick bereits erlebt?
Was hat ihn ausgelöst?
Wie kann ich solche unfokussierten Pausen in meinen Alltag integrieren?

Geistig anwesend

In diesen unfokussierten Pausen sind Sie geistig anwesend, wach. Sie konzentrieren sich nicht mehr auf dies und das, sondern Sie sind hier. Sie sind raus aus dem Tun und Handeln, aus dem Wollen. Und Sie sind drin im Sein. Das macht Sie empfänglich. Ihr Körper liest ständig die Signale um Sie herum. Wenn wir jedoch geistig abwesend sind, da unsere Aufmerksamkeit an etwas im Außen gefesselt ist, dann erreichen diese Signale unser waches Bewusstsein nicht. Sie kommen nicht durch! Die anderen Informationen sind lauter.

Sie können nur geistig anwesend sein, wenn sich Ihr Körper sicher fühlt. Sobald er befürchten muss, es lauere Gefahr, wird Ihre Aufmerksamkeit automatisch abgezogen und auf die mögliche Gefahrenquelle gerichtet. Das können Sie nicht steuern! Zum Glück. Sorgen Sie also vor allem zu Beginn Ihres Intuitionstrainings für eine geschützte Umgebung, in der Sie sich rundum wohl fühlen.

Wo fühle ich mich besonders sicher und wohl?
Wie könnte ich dieses Sicherheitsgefühl verstärken?
Was zieht meine Aufmerksamkeit immer wieder von meinem Inneren weg nach aussen?
Wann bin ich besonders geistig anwesend?

Nichtwissen

Unser Verstand liebt Konzepte und Pläne. Er will möglichst wissen, was ihn erwartet und womit er rechnen kann. Das ist zeitweise durchaus okay und im Alltag dienlich. Intuition geschieht, wenn wir uns unser Nichtwissen eingestehen.

Einfach mal zurücklehnen und:

**«Es ist vollkommen in Ordnung,
dass ich keine Ahnung habe, was ich tun/denken soll.»**

Kommen Sie in die Gegenwart und spüren Sie den offenen Raum Ihrer Zukunft mit unendlichen Möglichkeiten. Allein das ist total inspirierend.

Nichtwissen ist ein Segen für die Intuition.
Langeweile übrigens auch.

Wenn Sie in diesem Nichtwissen eine intuitive Führung wünschen, fragen Sie in den Raum der Möglichkeiten:

Wohin zieht es mich gerade?
Was finde ich jetzt interessant?
Spüre ich von etwas oder jemandem eine besondere Anziehungskraft?
Was könnte mir und meinem Weg guttun?
Was könnte mich für meine Intuition öffnen?

Lauschen oder spüren Sie in dieses Nichtwissen hinein. Welche Impulse tauchen auf?

Visionen und Träume

Die Intuition zeigt sich auf verschiedene Arten: Sie hören, sehen, riechen, fühlen oder wissen etwas. So sind auch Visionen ein Ausdruck Ihrer Intuition, wenn Sie beispielsweise nachts träumen oder tagsüber vor Ihrem geistigen Auge eine visuelle Eingebung auftaucht.

Vor allem als Mädchen hatte ich, Leilani, nachts immer wieder Träume, die für mein Leben sehr wichtige Botschaften enthielten. An manche, die ich als vielleicht Sechsjährige träumte, erinnere ich mich bis heute sehr klar. Und einige davon verstehe ich erst mit meiner jetzigen Reife. Als ich eines Tages meine Partnerschaft in Frage stellte, einfach nicht mehr sicher war, ob ich da noch langfristig glücklich werde, träumte ich heftig. Nicht nur einmal, sondern gleich zwei sehr krasse Träume tauchten auf. In beiden spielte mein Partner eine bedeutende Rolle und mir wurde gezeigt, wie er mit mir umging. Mir war sofort klar, dass dies sehr realistische Visionen waren, denn er hatte mich tatsächlich im Verlauf der letzten Jahre zuhauf so behandelt! Ich hatte es nur aus meiner Alltagswahrnehmung verdrängt. Nach diesen zwei Träumen sah ich es klar. Der Schmerz, dies so deutlich zu erkennen, war immens. Mit diesen Bildern fiel meine Entscheidung.

Wenn ich mich morgens noch sehr gut an einen Traum erinnere, ist das für mich jeweils ein klarer Hinweis, dass er viel mehr als ein nächtliches Reizverdauen war und wichtig für mein Leben ist. Dann setze ich mich hin und spüre hinein: Welche Botschaft will mich erreichen? Oft erkenne ich sie ziemlich schnell. Manchmal dauert es Jahre, ja, sogar Jahrzehnte. Mir ist jedoch klar, dass ich die Botschaft genau dann wirklich verstehe, wenn die Zeit dafür reif ist. Ich darf darauf vertrauen. Und Sie dürfen es bei Ihren Botschaften auch.

Visionen können sich natürlich auch auf Ihre Mitmenschen audehnen und nicht allein nur Ihr Leben betreffen. Déjà-vu-Erlebnisse können Sie durchaus auch an eine Vision erinnern, die Sie zu einem früheren Zeitpunkt erhalten, jedoch vergessen oder verdrängt haben. Dann erreicht Sie eine sanfte Erinnerung in Form eines Déjà-vus.

An welchen Traum erinnere ich mich besonders?
Welches war der letzte Traum, der für mich eine wichtige Botschaft enthielt?
In welcher Situation erlebte ich ein Déjà-vu? Welches war die Botschaft?

Übung: Sehen

Treffen Sie heute eine alltägliche Entscheidung nach dem visuellen Eindruck einer Situation. Wie wirkt sie optisch auf Sie? Hat sie eine bestimmte Farbe? Schimmert, leuchtet oder pulsiert sie? Schiebt sich ein Antwortbild vor Ihr geistiges Auge? Wenn Sie die Situation gedanklich lösen, wird sie dann heller oder dunkler? Angenehmer oder unangenehmer? Testen Sie die verschiedenen Entscheidungen gedanklich auf ihren jeweiligen optischen Eindruck, bevor Sie wählen. Beginnen Sie vielleicht mit einer Entscheidungssituation, die nicht gerade lebenserschütternde Konsequenzen mitbringt.

Symbole

Nicht immer ist die Botschaft unserer Intuition klar. Manchmal sehen wir Symbole oder hören etwas und können nichts Konkretes damit anfangen. Gerade zu Beginn kann die Zusammenarbeit noch etwas holprig sein. Wenn unsere Intuition in Symbolen spricht, macht es Sinn, sich mit ihrer Aussagekraft zu befassen. Spüren Sie hinein. Oder Sie bitten um Erklärung. Fragen Sie das Universum, was die Botschaft zu bedeuten hat. Manchmal braucht die Klärung auch einfach etwas Zeit. Vielleicht träumen wir etwas und erkennen den Sinn nicht gleich nach dem Aufwachen. Irgendwann während des Tages könnte die Erklärung plötzlich in unseren Geist tropfen, oft in einem unerwarteten Moment.

Je mehr Raum wir unserer Intuition geben, desto klarer werden die Kanäle und wir werden step by step Profis des Symbollesens.

An welches Symbol erinnere ich mich? Begleitet mich ein bestimmtes besonders bedeutungsvoll?
Wie wichtig sind Symbole in meinem Leben?

Stimme

Auditiv Sensible hören ihre Intuition oft als Stimme, die sie anleitet. Mir, Leilani, ist es einmal passiert, dass ich einem Mann in die Augen sah und in mir tauchten blitzartig die Worte auf: «Oh, nein, bitte nicht …». Trotzdem habe ich mich auf ihn eingelassen und habe dafür auf verschiedenen Ebenen einen hohen Preis bezahlt. Mir ist klar, dass es so sein musste! Denn ich durfte in der Partnerschaft mit diesem Mann unglaublich viel lernen, was mir heute dient. Die Zeit war aber alles andere als einfach – und genau das wusste ich intuitiv während des ersten Blickkontakts.

Ich liebe es, im Auto Musik zu hören. Interessanterweise hilft mir Musik, mich zu fokussieren und zu konzentrieren. Dabei habe ich entdeckt, dass Songs ebenfalls Botschaften für mich enthalten. Da laufen sie scheinbar unbeachtet nebenher und plötzlich habe ich den Impuls, genau hinzuhören. Das, was ich dann höre, passt meistens extrem gut zu meinen aktuellen Gedanken.

Den richtigen Weg oder einen Parkplatz zu finden, funktioniert dank dieser inneren Stimme oft auch wunderbar.

Kenne ich meine intuitive Stimme?
Wie unterscheidet sie sich von den anderen, beispielsweise von der Verstandes- oder Angststimme?

Übung: Hören

Hören Sie heute genau hin und entscheiden Sie sich für eine Lösung, die mit ihrem (geistigen) Hörsinn übereinstimmt. Wenn Sie noch ungeübt sind, trainieren Sie bitte mit winzigen Alltagsentscheidungen. Wie klingt die Situation aktuell? Gibt es dazu eine Stimme? Wenn ja, was sagt sie? Hört sich die Stimme wohlwollend an? Oder ist sie aggressiv/unfreundlich? Gibt es eine Warnung? Zuspruch? Oder vernehmen Sie eine Melodie? Taucht ein Ton auf oder hören Sie Worte? Ist es mit der Entscheidung laut, schreiend, leise, flüsternd? Hören Sie in die einzelnen Entscheidungsmöglichkeiten hinein. Wählen Sie, was sich für Sie stimmig anhört.

Instrument: Alarm

Installieren Sie Ihren persönlichen intuitiven Alarm. Ein geistiges Instrument richten Sie ein, wenn Sie sich in der Meditation energetisch mit Ihrer Intuition verbinden. Stellen Sie sich die Intuition beispielsweise wie eine Wolke, eine weise Person oder eine geistige Bibliothek vor. Verschmelzen Sie mit der Wolke, treten Sie der weisen Person gegenüber oder setzen Sie sich in die Bibliothek und lesen Sie im passenden Buch. Sie werden in Ihrem inneren Raum intuitiv wahrnehmen, wie Ihre Intuition sich zeigen möchte.

Bitten Sie Ihre Intuition um eine Warnung bei Gefahr. Die Wolke könnte beispielsweise die Farbe ändern, blinken oder einen bestimmten Signalton abgeben. Die weise Person spricht ein Codewort. Oder in der Bibliothek geht der Feueralarm los. Lassen Sie sich in der Meditation zeigen, wie diese Warnung aussehen soll. Seien Sie neugierig, auf welche Art die Intuition Sie zukünftig warnen möchte und urteilen Sie möglichst nicht darüber. Bitte vergessen Sie nicht, dafür zu danken.

Wie sieht meine intuitive Warnung aus?

Schwingung

Fühlten Sie sich mulmig, als Sie einen Ort zum ersten Mal besuchten? Oder beschlich Sie Unwohlsein beim Erstkontakt mit einer bestimmten Person? Die Intuition grüßt Sie! Intuitiv können wir die Schwingung wahrnehmen – und zwar von allem: Orte, Tiere, Menschen, Städte, Länder, unserer Erde …

Wenn Erwachsene frei aussuchen können, wo sie leben möchten, so suchen sie das neue Zuhause oft nach der Schwingung aus. In der Schweiz folgte ich bei jedem Umzug diesem stimmigen Gefühl. Klar, waren vordergründig eine neue Partnerschaft, Geschäftliches oder Familiäres ausschlaggebend. Die Liegenschaft und die konkrete Ortschaft fand ich jedoch meinem Gefühl folgend. Und, ja, dann fügte sich wie magisch auch immer alles: Ich konnte genau die Wohnung mieten, die ich wollte, oder Kontakte ergaben sich von selbst. Das ist die logische Folge, wenn wir der unlogischen Intuition folgen.

Natürlicherweise fühlen wir uns in der Schwingung wohl, die gerade zu uns und unserer aktuellen Lernlektion passt. Somit gibt es immer Menschen, die sich an einem Ort sehr wohl fühlen, der Sie vielleicht total belastet – und umgekehrt.

Ich kenne eine Körpertherapeutin, die ihre Klienten nach der Schwingung behandelt. Sie spürt, welche Körperregion gerade welche Aufmerksamkeit benötigt. Sie sagt, dass Sie dies durch ihre Hände spürt, wie eine magische Anziehungskraft, begleitet von einem klaren Wissen, was gerade benötigt wird. Vermutlich gibt es von diesen schwingungs-sensitiven Körpertherapeuten mehr als man denkt.

Hochsensible sind mit der Fähigkeit ausgestattet, den Groove einer Situation, Umgebung oder Person intuitiv wahrzunehmen. Das ist oft alles andere als angenehm. Vor allem dann, wenn die Wahrnehmung einen überfällt wie ein kalter Regenschauer oder ein eisiger Wind. Diese Fähigkeit, wenn wir sie trainieren und uns nicht von ihr mitreißen lassen, ist jedoch ein grosser Segen. Sie zeigt uns intuitiv, wo wir vorsichtig sein oder ausweichen sollten und was uns guttut.

Wie fühlt sich mein jetziger Sitzplatz an?
Was könnte ich an ihm verändern, um mich noch wohler zu fühlen?
Welches ist mein absoluter Wohlfühlplatz?
Welche Orte oder welche Personen liegen mir überhaupt nicht?
Wann flüchte ich am liebsten?
Welche Schwingungen kann ich wahrnehmen und definieren?

Übung: Spüren

Heute tauchen wir in die unendliche Welt des Spürens. Fällen Sie eine Entscheidung nach Ihrem Gefühl. Falls Sie Ihrem Spürsinn noch nicht wirklich trauen, wählen Sie bitte eine harmlose Situation. Spüren Sie hinein: Wie sollte sich die Situation energetisch/gefühlsmäßig verändern, damit sie stimmt? Welche Lösung führt zu dieser stimmigen Veränderung? Spüren Sie erst in die Entscheidungsmöglichkeiten hinein, bevor Sie wählen. Wie verändert die Idee diese Situation? Wird sie heller, leichter? Dunkler, schwerer? Bunter oder blasser? Glatter oder holpriger? Freudiger oder melancholischer? Wenn Sie nun beim Lesen zögerten: Ja, tatsächlich, Helligkeit und Dunkelheit sind durchaus nicht nur visuell wahrnehmbar, sondern auch spürbar. Entscheiden Sie sich für die Lösung, mit der Sie sich optimal wohlfühlen. Wenn keine Idee richtig zu passen scheint, bitten Sie um eine neue oder um weitere Hinweise.

Wahrnehmung

Die Intuition möchte uns erreichen und dafür nimmt sie sämtliche Wege. Welchen Sinneskanal unsere Intuition nutzt, liegt an der individuellen Veranlagung. Achten Sie auf Ihre Sprache. Meist unbewusst und automatisch verraten wir unseren bevorzugten Wahrnehmungssinn mit unseren Worten.

Je nach Veranlagung ist es möglich, intuitive Hinweise auch zu riechen oder zu schmecken. Manchmal erreichen uns die Botschaften auf mehreren Sinneskanälen gleichzeitig, hören wir beispielsweise eine warnende Stimme und sehen vor unserem inneren Auge ein Stoppschild in Signalfarbe aufleuchten. Oder wir wissen, was zu tun ist, und spüren gleichzeitig die erlösende Stimmigkeit in unserem Herzen.

Welche Verben nutze ich? Klingt etwas gut? Oder sehe ich etwas nicht so oder anders?
Was kann ich nicht riechen?
Welche Situation schmeckt mir nicht?
Welche Verben nutze ich häufig, die meinen bevorzugten Wahrnehmungskanal offenbaren?

Körpersprache

Ihr Körper weiß genau, was Ihnen guttut. Seine Sprache können wir meistens jedoch leider nicht mehr verstehen. Vielleicht haben Sie bereits vom kinesiologischen Muskeltest gehört, der mit dem Arm als Kraftmesser arbeitet. Der kleine Test ist auch mit den Fingern möglich. Um die Tests fehlerfrei und mit eindeutigem Ergebnis durchzuführen, braucht es eventuell etwas Übung. Falls Sie die Tests nicht kennen: Auf YouTube oder Google gibt es sehr viele Anleitungen, sodass ich sie hier nicht zu wiederholen brauche.

Aufgrund all der «Sollte» und «Müssen» in unserer Gesellschaft sind wir es uns gewohnt, Kopfentscheidungen zu bevorzugen. Wir stellen sie oft über die des Körpers. Das ist je nach Thema eine sehr ungesunde Strategie. Unser Kopf wurde von gesellschaftlichen und erzieherischen Infos gefüttert und entscheidet rational. Das mag für die Buchhaltung gut sein, nicht aber für unsere Körperbedürfnisse. Also fragen Sie Ihren Körper – und nur ihn – was er gerne essen möchte oder welche Fürsorge er gerade braucht.

Oft kennt der Körper nur zwei Antworten: Ja oder Nein. Tut ihm gut oder schadet ihm. Er funktioniert diesbezüglich wie mit einer binären Sprache: Null oder Eins. Strom oder keinen. Stellen Sie deshalb Ihrem Körper möglichst eine geschlossene, klare Frage. Das Instrument, das ich Ihnen gleich empfehle, basiert genau auf diesem Körperwissen.

Welche Entscheidungsstrategie wurde vorrangig in meiner Kindheit gefördert? Kopf oder Körper?
Welche klaren Körperbotschaften kenne ich an mir?

Instrument: Ja oder Nein?

Manchmal stehen wir an einer Weggabelung und es gibt nur zwei Möglichkeiten: Ja oder Nein? Im Grunde kennen Sie die Antwort bereits. Doch in gewissen Situationen sind wir zu aufgeregt, der Kopf quatscht mit zig Abwägungen dazwischen und unsere Prägungen warnen mit Angst. Es geht also darum, diese grundlegende stimmige Antwort aufzudecken. Dafür müssen wir wiederum die düsteren Wolken beiseiteschieben, um den klaren Himmel – die Antwort – wahrzunehmen.

Ja, genau, setzen Sie sich hin. Sinken Sie in Ihr Inneres. Wenn Sie innerlich ruhig geworden sind, versetzen Sie sich in die Situation der ersten Wahlmöglichkeit. Wie fühlt sie sich an? Erfüllend, weitend, wärmend, kräftigend? Oder eher eng, bedrückend, kalt, schwächend? Wechseln Sie in die zweite Wahlmöglichkeit und spüren Sie auf die gleiche Art hinein. Vermutlich braucht es keine weitere Erklärung, oder? Auf welche Möglichkeit reagiert Ihr System mit Wohlwollen, mit Wärme und Erfüllung? Die Gefühle für Ja oder Nein sind je nach Wahrnehmungstyp unterschiedlich. Jedoch sind es immer zustimmende Gefühle des Wohlbehagens für Ja und ablehnende für Nein.

Anstatt Gefühle können es auch Bilder oder Worte der Zustimmung oder Ablehnung sein. Das hängt von Ihrem Wahrnehmungstyp ab.

Klar, manchmal können sich durchaus beide Möglichkeiten gleich anfühlen. Dann spielt es auch keine wesentliche Rolle, wie Sie sich entscheiden. Oder die Zeit ist noch nicht reif für eine Entscheidung. Vielleicht taucht bald noch eine dritte Wahlmöglichkeit auf …

Woher wissen Sie, dass Ihre Wahl wirklich richtig war und nicht in Angst oder Bequemlichkeit gründet? Sobald Sie Schritte auf dem Weg Ihrer Wahl tun, werden Sie es spüren. Vereinbaren Sie mit Ihrem Körper, dass er Sie verständlich warnt, falls Sie sich haben täuschen lassen.

Instrument: Skala

Ein sehr praktisches Instrument ist die geistige Skala. Von null bis fünf, von eins bis zehn? Ihre Wahl. Die Installation funktioniert ähnlich wie für den geistigen Alarm. Meditieren Sie wie gewohnt. Visualisieren Sie die Skala wie einen Zollstock oder Maßstab. Legen Sie fest, ob die kleinste Zahl die Stimmigkeit anzeigt oder die größte. Wenn Sie zukünftig unsicher sind, wie gut Ihnen etwas oder jemand tut, fragen Sie Ihre Skala. Schieben Sie imaginär den Regler hin und her, bis er sich richtig positioniert anfühlt. Bestenfalls testen Sie die Skala ein paar Tage mit alltäglichen, eher unwichtigen Fragen. Je öfter Sie die Skala nutzen, desto schneller und klarer liefert sie Antworten.

Wie sieht meine Skala aus?
Wofür setze ich sie ein?

Instrument: Imaginäre Unterhaltung

Dieses Instrument erweitert das Kapitel über die Körpersprache. Wenn Sie etwas Außergewöhnliches in Ihrem Körper wahrnehmen, fragen Sie nach der Botschaft. Sie können mit Ihrem Körper oder sogar mit Ihren Organen eine imaginäre Unterhaltung führen. Fragen Sie, was Ihr Körper oder das Organ aktuell von Ihnen braucht und handeln Sie danach, wenn irgendwie möglich.

Scannen Sie imaginär Ihren Körper von Kopf bis Fuss oder in umgekehrter Richtung. Spüren Sie hinein, wo sich etwas unstimmig anfühlt. Was braucht es dort, um wieder stimmig und in harmonischem Einklang zu sein?

Gewöhnen Sie sich an, Ihren Körper und seine Signale in Ihre Entscheidungen miteinzubeziehen. Ihr Körper ist eine verlässliche Intuitionsquelle und spricht mit Ihnen.

Toxische Verbindungen

Wenden Sie die Skala oder die Ja-Nein-Prüfung auch bei Menschen an. Fragen Sie, ob Ihnen ein Mensch guttut oder nicht. Wenn Sie (wie ich) von toxischen Beziehungen geprägt wurden und/oder unter dem Gute-Tochter(Sohn)-Syndrom leiden, marschieren vermutlich toxische Menschen vorzugsweise in Ihr Leben.

Als junge Frau habe ich eines Tages meine Intuition gefragt, ob mir ein Mann guttue. Vor meinem inneren Auge und in meinem Gefühl braute sich alles zu einer totalen Katastrophe zusammen. Ich winkte ungläubig ab und begann mit diesem Mann dennoch eine Partnerschaft. Raten Sie mal … es endete in einer totalen Katastrophe. Ich ging vier Jahre später auf dem Zahnfleisch aus dieser Beziehung, emotional komplett am Boden und finanziell ausgebeutet. Ach, hätte ich doch auf die Signale gehört … Aber was tat ich damals? Und wie ging es weiter? Ein paar Jahre später rasselte ich wieder rein und verbrachte Jahre mit Menschen, die mir Selbstwert, Finanzen und Freiheit nahmen. Doch schenkten mir all diese Verbindungen eines: kostbare Erfahrungen! Mit zeitlicher Distanz weiß ich, dass es – wenn auch schmerzliche – absolut wertvolle Erfahrungen waren.

Heute prüfe ich nicht nur Menschen intuitiv auf Kompatibilität, sondern auch Unternehmungen, Ideen und Situationen. Eigentlich fast alles. Es brauchte eine Weile, bis ich meine Intuition wieder wahrnehmen konnte, denn toxische Verbindungen hinterlassen auch diesbezüglich ihre Schäden. Ich bin so froh und dankbar, dass ich mich auf den Weg zu meinem eigenen Fühlen gemacht habe und heute so leben darf.

Machen Sie es sich zur Gewohnheit, keine neue Negativität in Ihrem Körper abzuspeichern, nichts mehr einfach wegzudrücken und zu ignorieren, sondern stattdessen immer freier von Blockaden zu werden. Verletzungen aufgrund toxischer Beziehungen werden oft weggedrückt, sonst würden wir die Situation gar nicht mehr aushalten und müssten sofort gehen. Doch irgendwann drängen diese Verletzungen wieder ins Bewusstsein und wollen angesehen sowie aufgearbeitet werden. Wenn Sie dies nicht alleine angehen möchten, holen Sie sich Begleitung von einem Coach oder einer Psychotherapeutin.

Ich kenne kaum etwas, was derart ausbremst wie das Gute-Tochter-Syndrom oder ein arg verletztes inneres Kind. Beides hält unbewusst, klein und vernebelt. Wenn Sie solche verdrängten Verletzungen weiterhin wegdrücken, übt die toxische Person umso länger Macht über Sie aus. Dies funktioniert über Jahrzehnte, über Distanzen und sogar über den weltlichen Tod der toxischen Person hinaus.

Welche Person(en) prüfe ich jetzt bezüglich unserer Kompatibilität?
Mit welcher Person erlebte ich eine böse «Überraschung», was ich jedoch eigentlich im Vorfeld geahnt/gespürt hatte?
Gibt es eine Beziehung, in der ich mich besser abgrenzen muss?

Geduld versus Ehrgeiz

Nicht nur das Beseitigen von Wolken, also von störenden Faktoren, braucht Zeit. Nein, auch das logische Erkennen der Zusammenhänge benötigt eine gewisse Zeit. Wie bereits erwähnt, zeigt sich die Stimmigkeit oft erst im Nachhinein. Erst rückblickend erklärt sich uns der Sinn von intuitiver Führung. Dafür benötigen wir Geduld. Wenn wir die nicht aufbringen, gewinnen wir kein Vertrauen in unsere Intuition. Unser Denken, unsere linke Gehirnhälfte, braucht ganz dringend die sinnvolle, logische Bestätigung, damit sie ruhiger wird und nicht ständig die Intuition mundtot zu denken versucht. Hüten Sie sich vor Ehrgeiz! Versuchen Sie nicht, «gut» in Intuition zu werden. Lassen Sie der Entwicklung die Zeit, die sie braucht. Alles andere kommt aus dem Kopf und vernebelt erneut ihre Kanäle.

Mit Geduld wird Ihre Intuition immer klarer, präziser und regelmäßiger. Und die umfassenden Zusammenhänge werden sich schlussendlich offenbaren.

Was hindert meine Geduld? Was fördert sie?
Wie ehrgeizig bin ich? Woher kommt dieser Ehrgeiz?
Dient er mir? Ist es das, was ich wirklich will?

Flow, Raum und Zeit

Intuition funktioniert außerhalb von Raum und Zeit, wie wir sie kennen. Im Grunde ist sie ein Mysterium. In den letzten Jahren wurde im Business und in der Spiritualität der Begriff «Flow» geprägt. Wer in diesem Ausnahmezustand ist, vergisst die Zeit und räumliche Wahrnehmung. In diesem Flow fließt die Intuition frei und wir sind geistig total anwesend. Flow können wir nicht erzwingen oder ehrgeizig anstreben. Vielmehr findet er uns, wenn wir uns dem Moment hingeben, wenn wir uns der derzeitigen Tätigkeit schenken und im Jetzt aufblühen.

Wann erlebe ich Flow?
Was fördert diesen Zustand? Was verhindert ihn?
Hatte ich während eines Flows bereits wichtige intuitive Wahrnehmungen?

Ego

Vielleicht tauchte im letzten Kapitel spontan das Wort «selbstvergessen» in Ihrem Geist auf? Bei mir war es so. Ja, wenn wir im Flow sind, dann schweben wir in einem selbstvergessenen Zustand. Und was bedeutet das in letzter Schlussfolgerung? Wir geben unser Bemühen auf, lassen das Steuer los und leben Hingabe. Das Streben nach Kontrolle und Sicherheit bricht weg. Das Ego, das Sollen und Wollen treten zurück und geben die Bahn frei für das, was jetzt durch uns fließen möchte: Kreativität und Intuition. Korrekt sollte es folglich «egovergessen» heissen.

Unser Ego liebt es, allem eine Bedeutung zu verleihen. Wir sehnen uns nach Wundern und Synchronizität. Seien Sie vorsichtig, wenn Sie diese Sehnsucht nach Wundern spüren. Sie verleitet dazu, dort mehr zu sehen, wo gar nicht so viel ist. Auf der Gegenseite liebt unser Ego das Drama. Es erzählt uns liebend gerne dramatische Geschichten, die unser Dauerdenken sowie die negative Gefühlsspirale weiter antreiben.

Nein, ich verschreie das Ego nicht. Mir ist klar, dass es in der spirituellen Szene oft gelehrt wird, dass wir das Ego überwinden und egolos werden müssen. Ego ist die Ich-Identifikation und ohne ihr wären wir ziemlich verloren in unserer Gesellschaft. Wenige schaffen es, die Ich-Identifikation komplett zu überwinden und ihr nicht mehr Raum zu geben also unbedingt nötig. Das sind die sogenannten Erleuchteten. Wobei es wiederum keine erleuchteten Personen gibt, da mit der Erleuchtung alles Personelle wegfällt. Aber das ist ein anderes Thema. Wer sein Ego durchschaut und es gut «zu nehmen» weiss, findet sich im Leben eindeutig leichter zurecht.

Gibt es Situationen oder Alltagsmomente, in denen mein Ego gerne dramatisch wird?
Wann hoffe ich auf Wunder?
Wann würde mir mehr Egovergessenheit dienen?

Motivation

Niemals sollten intuitive Botschaften missbräuchlich verwendet werden, um irgendetwas oder irgendjemandem zu schaden. Damit die zarten Verbindungen zur Intuition nicht einfach wieder gekappt werden, ist es wichtig, stets die eigene Motivation zu hinterfragen. Wir können vielleicht mittlerweile recht gut die Energie, das Wesen und die Bedürfnisse anderer Menschen wahrnehmen. Was machen wir mit diesen Informationen? Nutzen wir sie, um diese Personen beruflich zu überholen? Um uns einen Vorteil zu verschaffen? Um uns selbst zu erhöhen? Um etwas oder jemanden zu kontrollieren? Das wären reine Egomotive, die ihren Preis einfordern. Manipulationsabsichten werden bestraft. Sie trüben die Wahrnehmung und die klare Intuition wird sich verlieren.

Stattdessen: Intuition kann uns liebevoll und zum Wohl aller führen. Sie kann uns kreativ nähren und zeigen, wie wir das Leben zum Leuchten bringen. Wenn wir die Intuition einsetzen, um beispielsweise mit anderen Menschen besser zu kommunizieren, gründet dies in einer liebevollen Motivation. Das öffnet unseren Intuitionskanal weiter. Hinterfragen Sie deshalb lieber einmal mehr, warum und wozu Sie eine Botschaft oder Information wünschen.

Warum möchte ich meine intuitive Wahrnehmung und Führung trainieren? Welche Motivation steckt dahinter?

«Wir haben einen Punkt erreicht, wo nur Intuition uns weiterhelfen kann.»

Edgar Allan Poe, 1809-1849
US-amerikanischer Journalist, Dichter und Literaturkritiker

Kreativität

Echte Kreativität, die langfristig begeistert, entsteht fernab des Ego-Wollens. Beseelt wird sie, wenn das Ego beiseitetritt und der Ausdruckskraft des Lebens den Raum überlässt. Echte, tief berührende Meisterwerke entstehen meistens nicht dann, wenn der Künstler es willentlich zu erschaffen versucht, sondern erst, wenn das Werk ihn als Instrument nutzt, um eine Form zu finden. Die Frage nach dem Resultat verblasst. Nichts ist in diesem Zustand wichtiger als der natürliche Fluss, der durch einen wirkt. Bedeutende wissenschaftliche Durchbrüche geschahen oft auf diese Weise.

Wann erlebe ich echte Kreativität?

Instrument: Wenn ...

Beenden Sie folgende Sätze spontan, schnell und intuitiv. Wenn Sie sofort antworten, so denken Sie nicht zuerst über mögliche Antworten nach. Deshalb muss es wirklich schnell gehen.

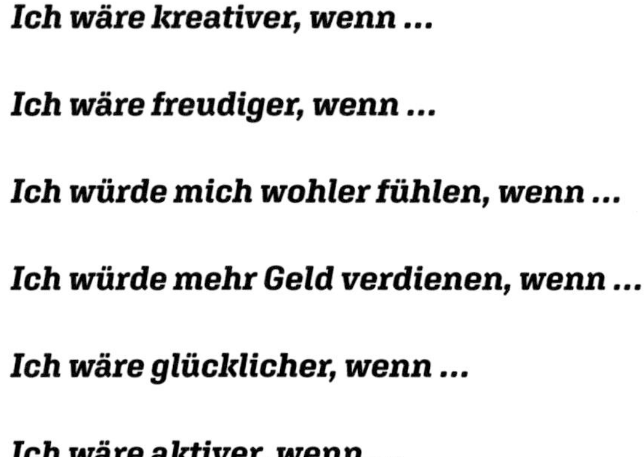

Ich wäre kreativer, wenn ...

Ich wäre freudiger, wenn ...

Ich würde mich wohler fühlen, wenn ...

Ich würde mehr Geld verdienen, wenn ...

Ich wäre glücklicher, wenn ...

Ich wäre aktiver, wenn ...

Ich wäre sportlicher, wenn ...

Fügen Sie, wenn Sie mögen, weitere Wenn-Sätze hinzu. Was wäre wenn ...?

«Probleme kann man niemals mit derselben Denkweise lösen, durch die sie entstanden sind.»

Albert Einstein, 1879-1855
schweizerisch-US-amerikanischer Physiker deutscher Herkunft

Probleme

Einstein wusste es, Poe ebenfalls: Lösungsfindung funktioniert intuitiv wunderbar, sofern wir bereit sind, die Wahrnehmungsebene zu wechseln. Haben Sie schon mal versucht, eine Lösung herbei zu denken? Ich verliere mich dabei regelmäßig, zerdenke alles, und dieses ganze Wollen und Zwingen endet meistens in Kopfschmerzen statt in einer stimmigen Lösung.

Stattdessen: raus aus dem Denken, raus aus dem Sollen und Müssen. Rein in die Stille, in das Loslassen, Wahrnehmen und in die Hingabe. Und in dem Moment, in dem wir es am wenigsten erwarten, trifft uns die Lösung und wir sehen intuitiv den Weg. Das haben Sie bestimmt auch schon so erlebt, nicht wahr?

Damit wird eine weitere Eigenart der Intuition klar: Sie lässt sich nicht rufen oder herbefehlen. Sie taucht wie ein scheues Wesen auf, wenn wir mit einem unwissenden Herzen kindlich offen sind. Und dann liefert sie Lösungen.

Übung: Holen Sie Ihr Problem während der Meditation in Ihren geistigen Raum. Betrachten Sie es. Tatsächlich hält sich ein Problem sehr oft in unserem Leben, weil wir uns davon (unbewusst) einen Nutzen versprechen. Schauen, hören, fühlen Sie hin und fragen Sie sich:

Was will mir das Problem mitteilen?

Für welches Problem wünsche ich mir aktuell eine Lösung? Welchen Nutzen hat dieses Problem für mich? Wovor schützt es mich? Liefert es eine Entschuldigung? Bin ich mir die problematische Situation vielleicht einfach gewohnt und ich mag dieses Gewohnte nicht aufgeben? Erinnert mich das Problem vielleicht an mein (früheres) Zuhause?

Instrument: Meistersicht

Sie können jederzeit eine Meistersicht einnehmen. Manchmal fällt uns die Annahme leichter, wenn wir die Botschaft nicht direkt, sondern über ein anderes Wesen empfangen. Ja, wir Menschen mögen die Dualität und das Gegenüber.

Für eine Meistersicht visualisieren Sie in der Meditation einen Raum oder einen Ort, an dem Sie sich wohlfühlen. Stellen Sie sich vor, wie eine Meisterin oder ein Meister zu Ihnen findet und Sie zu einem Coaching einlädt. Fragen Sie nach der Lösung für Ihr Problem und spüren Sie, wie Ihr Geist weit wird – offen für alle Möglichkeiten und Antworten.

Was sehen Sie? Hören, riechen oder fühlen Sie? Tauchen Symbole auf oder Farben? Melodien? Oder spricht die Meisterin? Wenn die Antwort nicht sofort verständlich ist, lassen Sie sich Zeit. Es wird sich klären, wenn die Zeit reif ist. Vielleicht im nächtlichen Traum, in einem Gedankenblitz oder in einer anderen intuitiven Wahrnehmung in den nächsten Tagen.

Der Meister oder die Meisterin können lebende Personen sein oder verstorbene, auch Fantasie oder Energie. Das spielt keine Rolle. Wichtig ist nur, dass es ein Wesen ist, das Sie auf allen Ebenen als weise und autoritär empfinden. So fällt es Ihnen leichter, die intuitive Botschaft anzunehmen.

Wen oder was kann ich mir als meinen Meister/meine Meisterin vorstellen? Warum wähle ich so?
Was macht für mich einen Meister/eine Meisterin aus?
Was wünsche ich mir von ihm/ihr?

Instrument: Expertensicht

Die Expertensicht funktioniert ähnlich wie das Meister-Instrument. Nun wechseln Sie aber die Rollen. Visualisieren Sie, wie ein junger Mensch Sie um Ihren Expertenrat fragt zu einem Thema, mit dem Sie sich fachkundig und wohl fühlen. Schlüpfen Sie in dieses Fachgebiet hinein, verschmelzen Sie mit ihm, spüren Sie und horchen Sie hin. Was will daraus durch Sie hindurchfließen, aus dem Mund des Experten (also aus Ihrem) hin zu dem jungen Fragesteller?

Sie können sich auch eine fantastische Bibliothek mit herrlichen alten Büchern vorstellen, in denen Sie alles über dieses Fachgebiet nachschlagen können. Lesen Sie die Lösung und geben Sie sie in eigenen Worten der jungen Person weiter. Etwas in eigenen Worten wiederzugeben hilft, es tiefgreifender zu verstehen. Für diese Übung brauchen Sie also nicht tasächlich Experte sein, es geht vielmehr ums Hineinfühlen. Auf diese Art finden Sie intuitiv neue Antworten.

Welches sind meine Fachgebiete?
In welches Fachgebiet, das noch nicht meines ist, würde ich gerne schlüpfen?
Was würde ich diesem jungen Menschen raten?
Was gebe ich ihm oder ihr auf den Weg?
Welchen Rat oder welche Lebensweisheit empfinde ich als besonders heilsam oder nützlich?

Zweifel

Zweifel sind Energieräuber, nicht nur für die Intuition, sondern für unser ganzes Wesen. Unser Verstand braucht Erklärungen, für jede Wirkung eine Ursache – und dieses lineare Denken und Abwägen braucht Zeit und Kraft.

Wenn wir der Intuition folgen, sind die Wege oft unlogisch und vermutlich auf den ersten Blick unzweckmäßig. Sie scheint die Richtig-Falsch-Wertung auf der Verstandesebene aufzuheben. Ihr Weg ist einfach stimmig. Dieses innere Wissen braucht keine Beweise, ist plötzlich da und bleibt auch, sofern wir es nicht mit neuen Zweifeln sabotieren.

Wenn Sie das Instrument von Ja-Nein trainieren und Ihre Gefühlsreaktionen darauf kennen, haben Sie eine sehr kraftvolle Entscheidungshilfe an der Hand. Das schenkt Power im Alltag. Wer hingegen ständig abwägt, hin- und herschwankt zwischen den Möglichkeiten, bleibt im Kopf gefangen, kommt nicht vorwärts und verliert trotzdem ständig Kraft. Zweifel sind sehr dunkle Wolken, die unsere intuitive Wahrnehmung trüben und verfälschen.

Zweifle ich noch an der Kraft der Intution?
Was brauche ich, um ihr zu vertrauen?
Woran zweilfe ich oft?
Gibt es eine Art Grundzweifel?

«Sobald du dir vertraust, sobald weisst du zu leben.»

Goethe in «Faust»

Wer spricht?

Zweifeln Sie daran, welche Stimme Ihnen gerade etwas zuflüstert? Ist es die Intuition? Ist es das Ego? Kommt die Stimme vom verletzten inneren Kindanteil? Oder aus dem Erwachsenen-Ich? Wenn Sie unsicher sind, versuchen Sie eine Entscheidung 48 Stunden hinauszuzögern und prüfen Sie die erhaltene Info oder Wahrnehmung dann erneut. Wenn sie in alten Mustern gründen, so fühlt es sich nach diesen zwei Tagen vermutlich anders an. Solche Musterüberlagerungen sind meistens sprunghaft und können sich nicht dauerhaft halten.

Unsere verletzten Anteile wehren sich vielleicht, wenn sie eine Information oder Wahrnehmung nicht mögen. Und auch das Ego mag es dramatisch. Die ideale Empfangshaltung ist meditativ oder im erwachsenen Ich. Im gesunden Erwachsenen-Ich wissen wir, dass wir mit Herausforderungen gut umgehen können. Sind wir an unsere Urenergie angebunden, dann vertrauen wir unserer Resilienz und Selbstwirksamkeit ebenfalls. Offen, urteilsfrei und voller Vertrauen nehmen wir dann Informationen entgegen.

Welche Stimme ist in mir dominant?
Welcher glaube ich meistens?
Welche zweifle ich an?
Wie kann ich sie gut auseinanderhalten?

Angst vor Wissen und Wahrnehmung

Wenn sich Ihre Wahrnehmung immer weiter öffnet und Sie plötzlich Ungewohntes wissen, sehen oder hören, kann dies auch ängstigen. Ist diese Furcht in einer normalen, erträglichen Intensität, empfehle ich Ihnen folgende Übung:

1. Setzen Sie sich an einen ruhigen Ort, wo Sie sicher ungestört sind.
2. Geben Sie sich der meditativen Stille hin. Sinken Sie in sie hinein.
3. Machen Sie sich bewusst, dass Sie die Wahrnehmung oder Information nicht sofort vollständig verstehen müssen.
4. Bitten Sie um Vertrauen und Klärung.
5. Werden Sie sich bewusst, dass Sie jederzeit sicher und aufgehoben sind. Sie erfahren immer nur so viel, wie Sie auch vertragen können.
6. Bedanken Sie sich für die Verbindung und Klärung.

Wenn die Angst Sie zu überwältigen droht, suchen Sie Hilfe bei einer Fachperson, die Sie durch den Prozesse begleiten kann.

Erwachen

Wenn wir uns der intuitiven Führung hingeben, zeigt sie uns den Weg zum geistigen Erwachen. Unter geistigem Erwachen verstehe ich die Verschmelzung im Eins-Bewusstsein, das Durchschauen der Illusion und die Aufhebung aller Trennungen. Die Ich-Identifikation erlischt.

Die Intuition vermag uns schrittweise zuverlässig zu den Blockaden und Knöpfen bringen, die noch zu lösen sind. Das ist nicht immer angenehm, im Gegenteil. Sich mutig zu befreien, ist jedoch der einzige Weg zum geistigen Erwachen. Eine Garantie für das Erwachen gibt es nicht. Es kann sofort stattfinden, braucht Jahrzehnte oder bleibt aus. Kein Mensch hat dies tatsächlich in seiner Hand.

Instrument: Kraftraum

In meditativer Stille können Sie sich einen geistigen Kraftraum einrichten. Ich habe mehrere. Ergründen Sie, was es braucht, damit Sie sich kraftvoll, ruhig, zentriert und empfänglich fühlen. Wie der Kraftraum oder geistige Kraftort aussieht, spielt für die Wirksamkeit keine Rolle. Bei mir gleicht einer einem Kraftort, den ich tatsächlich oft im Alltag aufsuche. Ich kann mir seine Energie in mein geistiges Feld holen, mich vor meinem geistigen Auge dort sitzen sehen und spüren. Der Schlüssel ist die Erinnerung. Wenn ich mich in meiner Meditation an die Energiequalität eines Ortes erinnere, so kann ich ihn auch in meinem Geist besuchen.

Ich habe auch geistige Kraftorte, die ich in der physischen Welt nicht kenne. Einer davon ist meine geistige Bibliothek, in der ich Antworten finde. Wie praktisch! Einen solchen geistigen Kraftraum einzurichten, ist nicht kompliziert. Versuchen Sie es einfach.

Instrument: Magnet

Werden Sie innerlich still. Visualisieren Sie einen runden, leuchtenden Magnetball, der vor Ihnen in der Luft schwebt. Pflanzen Sie Ihre Frage oder Ihr Problem mitten in den Magneten und stellen Sie sich vor, wie er suchend ins Universum ausstrahlt. Was zieht der Magnet als Antwort an? Sind es Symbole? Geräusche? Gefühle? Wissen?

Schreiben Sie auf, was Ihrem Magneten zufliegt. Wenn jetzt noch keine Antwort erkennbar ist, so wird es sich vielleicht bald klären … Vertrauen Sie Ihrem Magneten und dem Universum.

Instrument: Zukünftiges Ich

Werden Sie innerlich still. Treffen Sie sich in Ihrem geistigen Raum mit Ihrem zukünftigen Ich und fragen Sie es um Rat. Wie viel älter ist dieses Ich? Was gefällt Ihrem Zukunfts-Ich? Wie würde es sich in Ihrer Situation entscheiden? Welche Entscheidung braucht es jetzt, um im Sinn Ihres stimmigen Zukunfts-Ichs zu handeln? Wenn Ihr zukünftiges Ich nicht erstrebenswert ist, fragen Sie es, warum es so geworden ist. Was können Sie vermeiden oder anders entscheiden, um diese Zukunft nicht mehr zu verwirklichen?

Setzen Sie nicht voraus, dass Ihr zukünftiges Ich perfekt ist. Es ist nur um ein paar Jahre erfahrener. Sie können durchaus auch hitzige Diskussionen mit ihm führen. Spannend wird dieses geistige Meeting auf alle Fälle.

Instrument: Zukunftsfilm

Sie stehen vor Entscheidungen? Prüfen Sie die Wege vorab mental in Ihrem geistigen Raum. Werden Sie innerlich still und projizieren Sie dann einen der möglichen Handlungswege in Ihren mentalen Raum. Wie reagiert Ihr Körper? Wie fühlt er sich an? Weitend oder einengend? Entspannend oder verkrampfend? Stimmig oder irgendwie falsch? Spulen Sie den gleichen Handlungsweg wie einen Film um drei Monate vor und spüren Sie erneut nach. Wie fühlt er sich jetzt an? Beantworten Sie die gleichen Prüffragen. Dann spulen Sie wieder vor, vielleicht auf sechs Monate in Ihrer Zukunft, und prüfen den Weg erneut. Wenn es Ihnen noch nicht reicht, spulen Sie anschließend auf ein Jahr vor, auf drei oder zehn Jahre. Sie werden intuitiv die richtigen Zeiträume wählen. So können Sie einen Handlungsweg nach dem anderen prüfen.

Tatsächlich kann sich ein Handlungsweg in der ersten Zeit gut und stimmig anfühlen, sich aber langfristiger als schädigend erweisen. Oder er fühlt sich zu Beginn als harzig und später als immer flüssiger an. Vergessen Sie nicht die Option, diesbezüglich momentan überhaupt nicht zu entscheiden oder zu handeln. Manchmal ist Nichtstun effizienter.

An diesem Instrument mag ich besonders, dass man sein Leben quasi probeleben kann. Für mich fühlt es sich so an, als ob ich in der Umkleidekabine Kleidungsstücke anprobiere. Mit der Anprobe weiß ich meistens genau, ob ich für diese Kleidung Geld ausgeben möchte oder nicht. Mit der Anprobe von Handlungswegen weiß ich nachher, ob ich darin Zeit und Lebensenergie investieren möchte oder nicht.

Welche Handlungswege möchte ich aktuell prüfen?
Für welche Zeiträume?

Instrument: Kind-Ich

Seit Jahren ist «die Heilung des inneren Kindes» ein großes, weitverbreitetes Thema der Persönlichkeitsentwicklung. Vermutlich haben Sie auch schon darüber gelesen oder mit Ihrem verletzten inneren Kind gearbeitet. Mit diesem Kind-Ich zu sprechen, ist auch eine Bereicherung und kann helfen, stimmige Entscheidungen zu treffen.

Wenn wir uns aus der Position dieses verletzten Kind-Ichs entscheiden, so folgen wir einer Prägung, die in Schmerz gründet. Das hat nichts mit intuitiver Wahrnehmung zu tun. Im Gegenteil: Wenn wir einem anerzogenen oder antrainierten Muster folgen, sind wir emotionale Roboter. Wir handeln aus einem inneren Drang oder Zwang.

Insofern ist unser Kind-Ich kein guter Ratgeber, solange es verletzt und es in seiner Emotionalität mächtiger ist als unser Erwachsenen-Ich. Wir können jedoch eine intuitive Botschaft abchecken, ob sie wirklich intuitiv ist oder aus dem verletzten Kind-Ich. Dies funktioniert in Ihrem geistigen, meditativen Raum. Stellen Sie sich selbst vor als Kind und präsentieren Sie Ihrem Kind-Ich Ihre Entscheidung. Erkennt es sie? Ist es vielleicht sogar seine? Sprechen Sie mit Ihrem Kind-Ich. Beachten Sie auftauchende Gefühle, Töne, Wissen oder Worte.

Wenn Sie mit Ihrem Kind-Ich nicht weiterkommen, bitten Sie um Hilfe. Vielleicht läuft Ihnen dann in den nächsten Tagen ein Coach über den Weg, der Ihnen bei Ihrer Arbeit mit dem inneren Kind hilft oder den entscheidenden Hinweis liefert. Oder Ihnen fliegt auf anderen Wegen eine Antwort zu. Vielleicht meldet sich auch Ihr Kind-Ich mit zeitlicher Distanz erneut zu diesem Thema. Bleiben Sie offen für sämtliche Wahrnehmungen.

Übung: Kind-Ich

Versetzen Sie sich in Ihr Kind-Ich. Versuchen Sie, wirklich in Ihr vier- oder fünfjähriges Ich zu schlüpfen und spüren/sehen/hören Sie, was auftauchen möchte. Was mochten Sie in diesem Alter besonders? Was war Ihnen wichtig? Welche Beziehung hatten Sie zu Ihrem Körper? Wie war Ihr Grund-Move, also Ihre grundlegende Stimmung? Was taten Sie am aller-allerliebsten?

Seien Sie nicht zu sehr überrascht, wenn sich Ihre grundlegende Art von damals sehr von der heutigen unterscheidet. In dem Alter sind wir noch ziemlich pur, es liegen erst vier oder fünf Jahre gesellschaftliche Prägungen auf uns. Ich kenne Frauen, die als Kleinkind voller Selbstvertrauen leuchteten und kreativ durch den Tag tanzten. Vierzig Jahre später saßen sie fast als leere Hülle da, alles Echte verdrängt, die eigenen Bedürfnisse und ihr natürliches Wesen wegtrainiert. Der Weg zurück zum tiefen Kontakt zu sich selbst führt oft durch ein Tal der Tränen. Und doch lohnt es sich tausendfach, sich auf diesen Weg zu begeben, denn er führt raus aus Depressionen und Fremdbestimmung und hinein ins sprudelnde Leben.

Wenn Sie einen krassen Unterschied zwischen Ihrem Wesen als 5-jähriges Kind zu heute feststellen, lohnt es sich, diese Prägungen mit einer Fachperson aufzuarbeiten. Sie müssen den Weg nicht alleine gehen. Lassen Sie sich helfen. Alle Wolken, die Sie auflösen können, befreien Ihre klare Intuitionswahrnehmung.

Viel Freude und viele spannende Erkenntnisse mit weiteren Reflexionsübungen:

Übung: 10 x Nutzen der Intuition

Wie verändert sich Ihr Leben, wenn Sie Ihre Intuition jederzeit abrufen und sie klar wahrnehmen können? Schreiben Sie zehn Situationen auf, in denen Ihnen die Intuition positiv dient.

Übung: Glückstag!

Ihr Glückstag! Sie haben ein Guthaben von drei präzisen Antworten. Welche Fragen würden Sie stellen? Warum diese?

Übung: Wolken der Wahrnehmung

Welche Gedanken und/oder Glaubenssätze behindern wie düstere Wolken die Wahrnehmung meiner Intuition?
Wie dienen mir diese hinderlichen Gedanken?
Wovor scheinen sie mich zu schützen?
Oder wofür liefern sie eine Entschuldigung?
Kann ich sie abgeben oder mit wirklich nützlichen ersetzen?

Übung: Frei für …

Was tue ich als Erstes, wenn ich heute den ganzen Tag für mich hätte? Ruhe. Keine Termine, keine Störungen, keine Verpflichtungen. Was tue ich?
Was als Zweites? Und dann?
Wie würde ich meinen Tag leben?
Wie würde ich mich dabei fühlen?
Was höre und sehe ich bei dieser Übung?

Übung: Eingebungen folgen

Schreiben Sie drei Tage lang jeweils mindestens fünf Eingebungen auf, denen Sie folgten.

Wie wirkten sie auf mein Leben?
Über welchen Sinneskanal trafen sie bei mir ein?
Was waren ihre Konsequenzen?

Übung: Spende abchecken

Wenn Sie das nächste Mal einem Bettler begegnen, nutzen Sie Ihre Intuition, um seine Motivation abzuchecken. Seien Sie kreativ, setzen Sie eine geistige Skala ein, horchen Sie auf eine innere Stimme oder ein tiefes Wissen. Wie zeigt sich welcher Impuls?

Wie dringend braucht diese Person Geld? Gibt sie es in meinem Sinn aus? Oder für Drogen und Alkohol? Gehört sie vielleicht sogar zu einer organisierten Bettlerbande?
Wie stimmig würde es sich anfühlen, wenn ich Geld gebe?

Dieses Abchecken funktioniert natürlich auch, wenn Sie einen Coach, Therapeuten oder Geschäftspartner suchen.

Übung: Einkauf

Sie können «huschhusch» (wie wir Schweizer sagen) durch den Supermarkt eilen, oder: Achten Sie beim nächsten Einkauf darauf, welche Früchte oder welches Gemüse Ihr Körper intuitiv auswählen möchte.

Wie nehme ich diese intuitive Führung wahr? Welche Produkte ziehen meine Aufmerksamkeit wie magisch an? Leuchten vielleicht oder pulsieren?
Oder habe ich das Bedürfnis, vorab eine intuitive Einkaufsliste zu schreiben?

Übung: Missachtung

Ich erinnere mich an eine Situation, als mein Partner den Hausschlüssel aus Spaß unter das Halsband unseres Hundes klemmte. Der Gute wedelte friedlich, schaute mich an und ich dachte: «Nimm den Schlüssel sofort da weg.» Aber ich missachtete diese intuitive Warnung. Und was tat mein geliebter Wauwau? Er rannte los, ab über die Wiese und in den nächsten Busch für sein Schnüffeln. Als er wieder freudig bei mir antanzte, war der Schlüssel weg. Und ich hätte mich für meine Missachtung beißen können. Meine «Belohnung» war eine Stunde Suche. Noch unglaublicher ist, dass ich bis heute nicht von solchen Missachtungen befreit bin. Zuverlässig antwortet das Leben darauf à la: «Ätsch, wenn du nicht hören willst, dann ...»

Kennen Sie das auch? Beschreiben Sie eine solche Situation, in der Sie intuitiv gewarnt wurden, aber nicht darauf hören wollten/ konnten.

Digitale Mitmachbücher zu weiteren Themen gibt es als Download in Tanjas kreativem Shop:

www.wortfegeratelier.com

Die Energetikerin Leilani arbeitet auf alten atlantischen Kraftplätzen auf Lanzarote für die Kundenanliegen aus aller Welt.

www.atlantisenergie.com

Tanja Alexa Holzer

Die buchverrückte Schweizerin ist Autorin, Buchbegleiterin, Produzentin und Online-Unternehmerin. Seit 2008 arbeitet sie unter dem Namen Wortfeger.

Folgen Sie Wortfeger:
www.wortfeger.ch
www.facebook.com/wortfeger
www.instagram.com/wortfeger
LinkedIn

www.wortfeger.ch